# DIE KLEINE WELTLATERNE

PETER BAMM

# *Die kleine Weltlaterne*

---

Mit Zeichnungen

von Olaf Gulbransson

DEUTSCHE VERLAGS-ANSTALT

STUTTGART

Von PETER BAMM erschienen
Die kleine Weltlaterne, 1935, Gesamtauflage 64 Tausend
I-Punkt, 1937, Gesamtauflage 35 Tausend
Der Hahnenschwanz, 1939, Gesamtauflage 36 Tausend
Aus diesen drei Bänden
traf Franziskus Fünfstetten die Auswahl für
den Band „Feuilletons", 1949.
Diese Auswahl erscheint im 63.—65. Tausend 1976
unverändert, aber unter dem alten Titel
„Die kleine Weltlaterne"

ISBN 3 421 01148 6

Einband und Schutzumschlag Olaf Gulbransson
Gesamtherstellung: Druckerei W. Röck, Weinsberg
Printed in Germany

FÜR PENELOPE

# ASPEKTE

## AN DER THEKE

Die Griechen hatten die ἀγορά. Wir haben die θήκη. Es hat durchaus seine Berechtigung, die Theke in griechischen Buchstaben zu schreiben. Erstens einmal könnte Theke gut und gern eine attische Göttin sein, eine der Jagdgefährtinnen der Artemis, die bei Gelegenheit einen Flirt mit Silen startet und mit den blumengeschmückten Thyrsosstäben einhertanzt. Zweitens ist die Theke, wie die Akademie, eine Einrichtung von klassischer Würde, die zum Austausch geistiger Güter dient. Jedenfalls ist hierzulande die Tradition der Theke lebendiger als die Tradition der Akademie.

An der Theke treffen sich Männer, Männer mit bunten Halstüchern oder mit schneeweißer Edelbinde, Männer mit Coltrevolvern im Gürtel oder mit Orden im Knopfloch, Männer mit Hosen, an denen die Bügelfalten oder die Kalkspritzer blitzen, Männer mit Siegelringen oder mit Öl an den Fingern.

Frauen treffen sich an der Theke nicht. Sie werden mitgebracht. Damit wird eine Rangordnung angedeutet. Einige meinen, daß das noch eine letzte Erinnerung an jenes Konzil sei, wo die Frage, ob die Frauen eine Seele hätten, zugunsten der Frauen entschieden wurde. Diese Fragestellung ist uns im Lauf der Jahrhunderte zuweilen – übrigens selten genug! – verübelt worden. Sicher mit Unrecht! Wenn die Frauen eine Seele haben, so verdanken sie deren Anerkennung einer männlichen Majorität. Wieviel einfacher wäre es für uns gewesen ... aber lassen wir das!

Man muß denen recht geben, die das Mitbringen von Frauen an die Theke für die Durchbrechung eines Prinzips halten. Da man Gesetze nicht brechen darf, andererseits aber durchaus etwas haben muß, was gebrochen werden kann, wurde das Prinzip eingeführt. Prinzipien sind diejenigen Gesetze, welche gebrochen werden dürfen.

Die Theke also ist ein männliches Prinzip. Darum wirken Frauen an der Theke so kühn. Darum auch fühlen sie sich, gemäß der im Grunde ihres Wesens schlummernden Neigung zur Anarchie, daselbst so wohl. Der einzige wirkliche Prinzipienreiter von Format ist die Frau. Ich möchte – ha! – das Prinzip sehen, das nicht bei Gelegenheit von einem hübschen Mädchen über alle Zäune hinweg mit Gelächter in den Bach geritten wird.

Das Brauchtum der Theke ist in den verschiedenen Kontinenten nicht sehr verschieden. Mag ein Indianer in Chemnitz noch so hilflos umherirren, wenn er eine Theke erblickt, wird er so gut wie ein Sachse in Indianapolis wissen, wie er sich zu benehmen hat.

Die Theke ist die Stätte zweier alter Freiheiten, der Freiheit zu reden und der Freiheit zu schweigen. Dazwischen, sozusagen zwischen zwei Gläsern, gibt es noch eine dritte Freiheit, die Freiheit zu knobeln.

Die Freiheit zu schweigen macht die Theke zu einem sicheren Hort jener echten Melancholie, welche der Grundzug des männlichen Wesens ist und aus welcher in souveräner Gleichgültigkeit die Entschlüsse zu allen großen Taten entspringen. Man beobachte die nicht etwa von oberflächlichem Takt, sondern von wahrer Ehrfurcht getragene Haltung eines Mixers gegenüber einem Gast, der schweigend an seiner Theke lehnt. Der Mixer schlägt Eier auf, rückt Gläser zurecht, wischt mit eilfertiger Geschäftigkeit den Tisch ab. Er würde sich eher den Finger abschneiden, als daß er das sakrosankte Schweigen der Theke bräche. Nach vier und einer halben Minute, die, geschwiegen, eine wahre Ewigkeit sind, sagt er einmal, mit unnachahmlicher Nonchalance seine Stimme in die Gegend des Ofens zerflattern lassend: „Kalt heute draußen?"

Der Gast kann das nehmen wie ein Raketenseil, das einem schiffbrüchigen Unbekannten vom Land aus zugeschossen wird. Er kann es erfassen und seinen Untergang noch um einiges verschieben. Er kann es aber auch in den ewigen Ozean zurückfallen lassen. Dann darf er bis ans Ende seiner Tage weiterschweigen.

Die Freiheit zu reden macht die Theke zur Agora unseres Zeitalters. An der Theke darf man einen Mann nach einer Narbe fragen, die ihm quer übers Auge zieht. Dafür muß man jeder Geschichte, die er über diese Narbe erzählt, unbedingt Glauben schenken. An der Theke darf man die wildesten Behauptungen aufstellen. Man findet Hörer. Freilich muß man sich auch sagen lassen, daß man ein blutiger Ignorant, ein Greenhorn, ein Esel sei. In derlei Feststellungen liegt niemals die mindeste beleidigende Absicht. Nur wenn man schon einen in der Krone hat, dann darf man sogar übelnehmen, aber dann muß man sich an Ort und Stelle schlagen. Der Wirt sagt dann: „Kinder, seid vernünftig!" Das freilich heißt, den Steinen in der Oase predigen. Kinder sind nun einmal unvernünftig.

An der Theke kann man sich mit einem unbekannten Anhänger der Welteislehre oder des Briefmarkensammelns bis um vier Uhr in der Früh in bodenlose Gespräche verstricken. Während die Frauen die Prinzipien über die Zäune reiten, reiten die Männer ihre Steckenpferde auf dem Bartisch spazieren. Wenn sie sich durchaus nicht einig werden können, dann fragen sie den Sokrates des Schüttelbechers. So wie er für jede seelische Lage ein eigenes Rezept zu mischen weiß, so weiß er für jede Dummheit eine beschwichtigende Zustimmung.

Fruchten seine Bemühungen nicht, so stellt er zwischen die entflammten Geister den Knobelbecher. Wenn es viele Probleme gibt, die die Menschheit niemals lösen wird, das Problem, wer den nächsten Drink zu bezahlen habe, muß sofort gelöst werden. Wie Männer sind, lassen sie am liebsten das Glück entscheiden.

Es gibt Stehtheken und Sitztheken. Die Stehtheke ist ein Blechtisch, auf dem ein wenig Bier schwimmt. Rechts steht wie ein barockes Monument aus dem Park von Fontainebleau ein Aufbau von Zigarren, die gute „Montezuma" zu sechs und die „General Wrangel" zu acht. Wie viele Dichter haben wohl schon den Ehrgeiz gehabt, statt als Monument unter Bäumen als Zigarrenname an der Theke zu prangen? „Eine Däubler zu zehn!" oder „Eine George-Brasil!" Das wäre Nachruhm!

Links baut sich der Traum des Lamme Goedzack auf, ein Schinken, zehn Soleier, ein Hügel von kalten Bouletten und Eisbein in Sülze. In der Mitte steht der Wirt, breit und hemdärmelig, und verteilt die guten Gaben. Noch in der Wüste würde man von ihm träumen, diesem Freund der Menschen, der sich für andere seine Leber ruiniert.

Die Sitztheke ist zivilisatorisch verfeinert. Sie wird gemeinhin Bar genannt. Die Bräuche sind dieselben. Die Stühle sind hoch und schwankend. Sie vermitteln einem schon durch die Art des Sitzens ein Gefühl für die Unsicherheit und Fragwürdigkeit des Daseins. Die Zahl der

Drinks ist unendlich. An diesem ebenso wie an irgendeinem anderen Gegenstand kann man die Einsicht in die Unvollständigkeit menschlichen Wissens gewinnen.

Die Theke ist der Ort, wo der Tropfen Wermut in den Becher fallen darf, ohne daß man sich veranlaßt sieht, alsbald den ganzen Becher ins Meer zu werfen.

Die Theke ist der Rangierbahnhof der menschlichen Seele, ein Bebra des Gemüts auf der Fahrt von des Tages Mühe in den Frieden der Nacht. Schätzen wir uns glücklich, die Theke zu haben. Die Bahnhöfe des Lebens sind selten unseren Bedürfnissen in einer so komfortablen Weise angepaßt wie diese Oase zwischen Licht und Traum, aus deren Brunnen Korn und Pilsner sprudeln.

## ANHÄNGLICHKEIT AN ALTEN HUT

Sie haben, gnädige Frau, jetzt, wo es in den Sommer geht, zweifellos mehr Anspruch darauf, etwas von neuen Hüten zu hören. Alter Hut, offenbar, ist nicht Hut einer Dame.

„Dame mit altem Hut", das könnte höchstens das Sujet eines Malers sein. Man sieht auf diesem Bild eine leuchtende Frühlingslandschaft, im Vordergrund einen Hund mit weißem Fell. Die Dame, die zu diesem Hund gehört, steht unter einer blühenden Kastanie und betrachtet ein merkwürdiges braungrünes Gebilde, das mitten auf der Wiese liegt. Ein Spatz hat sich darauf gesetzt, heiter und unbekümmert. Das braungrüne Gebilde ist ein alter Hut. Um einen solchen Hut handelt es sich hier.

In diesem Falle ist es sogar mein eigener. Noch liegt er nicht herrenlos auf der Wiese. Aber wer kann wissen, wie nahe schon er seinem heiteren Ende inmitten blühenden Frühlings ist. Es ist ein wunderbarer alter Hut. Er stammt aus der vornehmen Familie der Pleß. Es sind nicht die Fürsten Pleß. Aber die Hutmacher Pleß sind in Wien auch eine Aristokratie. Was Sacher für den Magen, das ist Pleß für die Glatze.

Als er jung war, dieser Hut – wieviel Jahre ist das schon her! – war er ein wahres Prachtstück. Zunächst einmal war er hellgrau, von jenem empfindlichen und aristokratischen Hellgrau, wie man es eigentlich nur an staubfreien, sonnigen Vorfrühlingstagen tragen sollte, wie sie manchmal über unwürdige Faschingshäupter ebenso prachtvoll wie unverdient hereinbrechen. Das Band war sogar noch um eine Nuance heller. Es grenzte nachgerade an Silbergrau.

Der Besitzer eines solchen Hutes, mag er im übrigen was auch immer auf sich herumtragen, qualifiziert sich als ein Gentleman von prätentiöser Lebenshaltung. Ein so hellgrauer Hut kann sein Cachet nur wenige Vorfrühlingstage halten. Ein einziger sanfter Märzschauer dunkelt ihn zu einem Hellgrau ab, das höchstens noch als gehobenes Mittelstandshellgrau gelten kann. Dann muß eigentlich ein neuer Hut her. Der neue kam natürlich nicht von selbst, ich hätte ihn holen müssen. Da fand ich zum ersten Male meinen alten Hut, wenn auch sein Alter nicht über einen halben März hinausging, schön.

Hier zeigte sich, dem Hute gegenüber, zum ersten Male diese merkwürdig irrationale, männliche Eigenschaft, die man nicht anders bezeichnen kann als eben mit Anhänglichkeit an alten Hut.

Das ist's auch, worüber die Lady auf unserem Frühlingsbild nachdenkt. Was muß das für ein Mann gewesen sein, der einen Hut so lange trug, bis er graugrün wurde und von

der Natur nicht mehr zu unterscheiden war. Zuletzt war es natürlich ein Vagabund. Vagabunden sind die Aristokraten der Armut. Kein Hut scheint dieser Dame selbst für diese Aristokratie noch besser als so einer.

Vielleicht, gnädige Frau, können wir die Sache auf eine einfache Formel bringen. Treu nämlich sind die Männer nicht. Nein, das kann man beim besten Willen nicht behaupten. In ihren besseren Exemplaren sind sie anhänglich, anhänglich wie gute, große Hunde. Das ist in seiner Simplizität zweifellos ebenso sympathisch, wie es auch ein wenig lächerlich ist. Mißachten Sie das nicht!

Wenn der verehrte Herr Gemahl mit unerbittlicher Hartnäckigkeit an einem scheußlichen Aschenbecher festhält, den er aus stürmischeren Jahren in den, hoffen wir, Frieden seiner Ehe mitnahm, so bekämpfen Sie das nicht zu heftig. Sie bekämpfen eine seiner besten Eigenschaften.

Wo kämen die Frauen hin, wenn wir nicht so sympathisch anhänglich, so lächerlich anhänglich wären. Ganze Plantagen von Apfelbäumen haben wir mit ihnen abgeerntet seit jenem ersten faulen Apfel, der uns aus dem Paradies unserer Faulheit vertrieben hat. Von Apfel zu Apfel schaukelt die Geschichte der Menschheit unbekannten Zielen entgegen. Ja, weiß der Himmel, Äpfelchen, wohin du rollst.

Anhänglichkeit an alten Hut, Anhänglichkeit an Äpfelchen, das ist's, warum die ganze Sache weiterläuft. Sonst gäbe es auf der ganzen Erde nur noch Klosterruinen. Die Frauen, diese so bemerkenswerten Geschöpfe, wären aufgeschmissen. Was nützte ihnen der Apfel, wenn keiner ihn fräße?

Nicht wahr, jetzt begreifen Sie die Wichtigkeit von altem Hut? Ich darf annehmen, daß Sie künftig alte Hüte mit Wohlwollen, ja geradezu mit Zuneigung betrachten werden.

Das gehobene Mittelstandshellgrau war natürlich nur der Anfang des Abstiegs meines guten, alten Hutes. Später wurde er grün, dann braun, dann schwarz. In den letzten Jahren ist er wieder aufgeklart. Nun hat er schon lange diese braungrüne Wiesenreife, die seine postume Existenz einleitet.

Manche sehen verächtlich auf ihn herab. Er hat mehr erlebt als jene, die auf ihn herabsehen. Auch Schicksalsschläge blieben ihm nicht erspart. In Löbtau ist er von der Elektrischen überfahren worden. Bei Shanghai fiel er ins Gelbe Meer. Ich mußte ihn selbst herausholen. Chinesen können nicht schwimmen.

Auf dem Funkturm fiel er zu Huhn im Topf in den Topf. In Stockholm hat ihn mal ein Gaul angefrühstückt.

Annemarie hat ihn mit Sidol gereinigt. Kathrinchen hat das neue Leder eingenäht. Evelyne und Lucienne je ein neues Band. Mit Mary habe ich mich allein viermal des Hutes wegen verkracht, ganz abgesehen von der Sache damals mit dem Billett in Bellinzona. Das war in dem Jahr, als der Hut irisierte. Da war der Wein im Badischen so gut geraten, daß ich des Sprüchleins gedachte, welches die Bauern in solchen Jahren singen:

„Der Wein ist gut.
Ich kauf' mir keinen neuen Hut.
Ich setz' den alten auf –
und sauf'!"

Wir sind zwei alte Seefahrer des Daseins. So bald wird uns nichts trennen. Ich kann ihn schwenken, aufstülpen oder in die Tasche stecken. Er läßt sich alles von mir gefallen. Er hat ein Gesicht. Er ist ein Schlapphut, wenn ich traurig bin. Er thront keck, wenn ich Honorar bekommen habe. –

Und wenn ich wieder einmal Honorar bekomme, dann werde ich mir auch endlich einen anständigen Hut kaufen.

„?"

Wie bitte? Ein Widerspruch? Aber nein, gnädige Frau! Die Äpfelchen rollen doch nur in die neuen Hüte, in die Hüte von jenem empfindlichen und aristokratischen Hellgrau, wie man es eigentlich nur an staubfreien, sonnigen Vorfrühlingstagen ...

Alter Hut auf grüner Wiese, dann sieht die Lady nur den Hut. Neuer Hut auf grüner Wiese, dann sieht sie den Hut nicht mehr, sondern nur noch den Aristokraten der Armut, der ihn trägt.

Vielleicht lasse ich auch nur den alten Hut zu Hause. Von dem Ersparten könnten wir dann Kaffee trinken.

Sogar im Schranke noch muß alter Hut dem Guten zum Besten dienen.

## REISE ZU ZWEIT

Wenn in der guten alten Zeit zwei Leute differenten Geschlechts das miteinander eingingen, was man mit so schöner poetischer Übertreibung den Bund fürs Leben nennt, so schickte man sie auf die Hochzeitsreise.

Dieser alte Brauch ist heutigen Tages kaum mehr im Schwange. Sicherlich deshalb, weil so viele Witze über die Hochzeitsreisenden gemacht worden sind, daß keiner mehr sich dem Gespött der Leute aussetzen will. Aber die alten Bräuche sind voll tiefer Weisheit. Wenn die Menschen die alten Bräuche aufgeben, so spricht das nicht gegen die Weisheit, die in den alten Bräuchen, sondern gegen die Dummheit, die in den Menschen steckt.

Wenn man anfängt, über den Sinn der Hochzeitsreise nachzudenken, findet man, daß sie ebensosehr über das Wesen der Liebe wie über das Wesen des Reisens Aufschluß gibt. Von einem Mann, der verliebt ist, sagt man, daß er den Verstand verloren habe. Nun ist das ohne Zweifel ein in hohem Maße begrüßenswerter Zustand. Wenn die Männer ihren Verstand beisammen haben, dann beschäftigen sie sich mit ihren eigenen Angelegenheiten und sind unerträgliche Egoisten. Wenn die Männer den Verstand verlieren, dann verlieben sie sich. Wenn dieser Zustand ernst genug ist und lange genug anhält, dann heiraten sie.

Die Frauen sind darauf angewiesen, daß die Männer den Verstand verlieren. Sonst würden im guten alten Europa nur noch Chinesen herumfahren und sich die prächtigen Klosterruinen ansehen, in denen die letzten verständigen Europäer gewohnt haben.

Ohne Zweifel ist ein verliebter Mann für alle Leute etwas Lächerliches – außer für die Frau, welche er liebt. Darum schickt man ihn auf die Hochzeitsreise, irgendwohin, wo keiner ihn kennt außer dem einzigen Menschen, für welchen er nicht lächerlich ist – seiner Geliebten. Bliebe er daheim, er würde Gefahr laufen, seine ganze Reputation zu verlieren. Der Mann ist so geartet, daß er eher aufhört zu lieben, als daß er anfängt, lächerlich zu sein. Von allen Helden ist Don Quichote unter Männern am seltensten zu finden. Fort mit ihm! Nach Venedig! Zum Taubenfüttern! Sonst findet er womöglich in der vertrauten Umgebung seinen Verstand wieder. Die Frau aber hat, was sie haben will und was sie auf keine andere Weise haben kann – vier Wochen lang ist sie die Geliebte und nichts als das.

Wann immer der Bund fürs Leben nun in die Brüche

geht, die Tauben von San Marco werden durch den Himmel der Ehe flattern, solange noch eine freigebige Hand daran denkt, sie zu füttern. Der einzige sichere Besitz des Menschen ist die Erinnerung. Wenn Philemon und Baucis schließlich fünfzig Jahre später nach Reichenhall fahren, um das Rheuma mit linden Wässern zu behandeln, sie rollen dahin auf den Rädern der Erinnerung. Das Glück ihrer jungen Tage ist das Glück ihres Alters. Nur junge Liebespaare und alte Eheleute sind es wert, daß die Welt schön ist.

So, wie man mit seiner Geliebten nur reisen kann, so kann man reisen nur mit seiner Geliebten. Unter den neueren Skribenten herrscht der Hang zu einer Art von Abenteuern, die es gar nicht gibt. Sie lassen einen Mann in die Welt hineinreisen. Auf irgendeiner Hotelterrasse, gemeinhin an einer Meeresbucht und womöglich in Ceylon, sitzt das fabelhafte Wesen, dessen der Skribent bedarf, um seinen Leser zufriedenzustellen. Tatsächlich sitzen auf den Hotelterrassen von Colombo nur alte Engländerinnen, hervorragende Ladies, aber sicher schwerer zu erobern als Ceylon selber, und auch für den Leser gar nicht geeignet.

Oder sie setzen eine Frau auf das Promenadendeck eines Luxusdampfers in einen Longchair. Der Herr, der in Abenteuer reist, braucht nur die nächste Mondscheinnacht abzuwarten, um einsam-zweisam vorn am schäumenden Bug des Schiffes und so weiter und so weiter. Abgesehen davon, daß das Betreten der vorderen Back auch für Passagiere der ersten Klasse verboten ist, an Bord von Luxusdampfern sind so viele Zellulosekönige, Edeltenöre und Lebertranmagnaten mit solidem Gold in der Kehle, im Safe und im Gebiß, daß der Herr, der nichts anderes vertritt als seine eigene schwachsinnige Auffassung vom Leben, nicht die leiseste Chance hat.

Ein Mann allein, schließlich, reist überhaupt nicht. Er fährt höchstens irgendwohin. Versucht er, es den Skribenten recht zu machen, so beweist er, daß er von vornherein keinen Verstand hat. Tatsächlich, diese Abenteurer haben den Verstand verloren, noch ehe sie eine Frau gefunden haben, um die es sich lohnte, ihn zu verlieren. Dann wundern sie sich, daß sie in Edinburgh nur Nurses, in Alexandria nur Fischweiber und in Paris nur Midinetten zu sehen bekommen. Sie werden niemals begreifen, was für eine abenteuerliche Sache es ist, eine Frau, die man nur in Steglitz kennt, in Edinburgh, in Alexandria, in Paris zu erleben.

Reisen zu zweit, das heißt einer Frau die Welt erobern. Wenn Napoleon Marengo für Josephine gewann, so kann noch immer jeder Don Quichote, der den Verstand verloren hat, seiner Josephine aus Steglitz Venedig zu Füßen legen. Unter den lärmenden Faquinos, die sich mit bedrohlichen Gesten auf das Gepäck stürzen, einen zu wählen und ihm einen Befehl zu geben, das heißt eine Entscheidung treffen, eine Schlacht gewinnen, ein Mann sein.

Im Kursbuch einen Zug zu finden, der dann wirklich geht, wohin er soll, das gehört zu den Künsten eines Merlin, mit denen man eine Frau von heute leichter bezaubern kann als mit Minnesang.

Schließlich, wenn man im Trasimenischen See gebadet hat, muß man entscheiden, ob es nach Ravenna oder nach Ferrara gehen soll. Diese Entscheidung ist, wenn auch nicht so folgenschwer, so doch keineswegs leichter als die, welche Hannibal treffen mußte, nachdem er seine Elefanten in diesem See gebadet hatte. In Ravenna kann es regnen!

Wer hätte nicht schon die alten Meister gepriesen, wenn er Josephine aus Steglitz an ihnen entlangführt. Ein kurzer Blick auf die Tafel und man sagt „Ein Simone Martini“, so, als ob das Bild seit vierhundert Jahren im Besitz der Familie wäre.

Die Frauen, diese bezaubernden Wesen, lächeln dazu, dankbar und staunend. Sie nehmen die Welt geschenkt aus den Händen eines Mannes, der für sie nicht lächerlich ist. Sie sind souverän genug, nicht danach zu fragen, wie viele Feinde man erschlagen mußte, um die Kostbarkeiten der Erde vor ihnen ausbreiten zu können.

Zu zweit stehen sie im Lärm der Bahnhöfe. Zu zweit lauschen sie dem Rauschen der nächtlichen Brandung. Sie gehen durch den Krach des Lebens in den großen Städten und durch die verzauberte Stille abendlicher Fischerdörfer. Sie sitzen im feierlichen Schweigen der alten Kirchen und in der frohen Betriebsamkeit der alten Schenken.

Ein Mensch allein im Lärm der Welt ist hoffnungslos verloren angesichts der nicht zu bewältigenden Fülle des Daseins. Zu zweit gehört ihnen die ganze Erde, ein Abenteuer, das erst mit der letzten Lira sein Ende nimmt.

Die Fee der Ferne verzaubert die Welt zu einer Laterna magica des Herzens. Wenn man zu zweit reist, kann man sich sogar für die Fischweiber in Alexandria begeistern. Man braucht mit ihnen keine Abenteuer zu erleben. Man photographiert sie.

Der Mensch muß sein Herz bei sich haben. Wenn er es bei Josephine in Steglitz verloren hat, dann muß er Josephine mitnehmen. Herz, mein Herz, wann reisen wir?

„Zwei Dritter Braunlage!"

Wenn wir über'n Harz sind, dann kann die Konvention in Steglitz allein spazierengehen. Konventionen haben kurze Beine. Wer aber ein Herz hat, der folgt ihm bis ans Ende der Welt.

## REGINA CASTRA

Ein neuer Morgen geht auf über dem Donautal. Ein wenig schon scheint der Himmel blauer als oben im Norden. Der neugierige Wanderer lenkt seine Schritte hinein nach Regina Castra, der alten Reichsstadt Regensburg. Das Gasthaus zu den Karmelitern grüßt freundlich herüber. Ein Schild verkündet, daß allhier täglich ein Schwein geschlachtet wird zu Nutz und Frommen derer, welche das Schweinswürstel zu den Gottesgaben rechnen. Das Karmeliterbräu hat seinen Ruf weithin durch die Lande. Mit den Schweinswürsteln lebt es in einer wahrhaft idealen Ehe, indem daß die Schweinswürsteln dazu dienen, Durst auf das Bier zu machen, und das Bier dazu dient, die Schweinswürsteln hinunterzuspülen. Mit welcher Dankbarkeit gedenkt man der frommen Väter, unter deren Namen so trefflich für der sündigen Erdenkinder leibliches Wohl gesorgt wird.

Der weitere Weg führt wiederum an einer Schenke vorbei. Sie ist nach Orlando di Lasso benannt. Hier ist es das Motiv edler Neugier, das den Gewissenhaften veranlaßt, vermittels einer Halben der Sache auf den Grund zu gehen. Orlando di Lasso klingt beinahe wie Torquato Tasso. Jedenfalls hat man den Eindruck, daß man eigentlich wissen müsse, wer das sei. Nun, wenn man es selbst nicht weiß, der Wirt weiß es. Orlando di Lasso ist ein italienischer Kirchenkomponist. Nur der Himmel und der Herr Stadtarchivar wissen, wie die biedere Schenke zu diesem respektablen geistlichen Patron gekommen ist.

Dann kommt man zum Dom. Erhaben und feierlich ragt er in den blauen Himmel auf. Die Frömmigkeit dreier Jahrhunderte hat ihn zur Ehre Gottes erbaut. Ein freundliches, schwarz gekleidetes Weiblein führt den ein wenig verschüchterten Besucher. Stolz zeigt sie das Grabmal des Albertus Magnus, der bei Gelegenheit seiner Heiligsprechung ein neues Gemälde bekommen hat. Sie zeigt den silbergetriebenen, vergoldeten Altar, der von einem Fugger im sechzehnten Jahrhundert gestiftet wurde. Ihre Hochachtung vor dem sagenhaften Reichtum dieses Augsburger Geschlechtes scheint dabei nicht geringer zu sein als die irgendeiner Urahne von ihr, die vielleicht bei diesem Fugger als Magd gedient hat. Die Jahreszahlen und die Stilgeschichte sind ihr so geläufig, daß es einen Kunsthistoriker vom Bau neidisch machen könnte. Schließlich führt sie den Besucher durch den alten Kreuzgang zur Allerheiligenkapelle. Es ist, als ob sie ein Geheimnis preisgäbe. In der Tat, diese kleine Kapelle in frühromanischem Stil ist ein Juwel der Baukunst, ein Meisterwerk von edelster Reinheit der Form und einer unbeschreiblichen Leichtigkeit und Grazie der Konstruktion.

Aus der Kühle des Domes tritt man wieder hinaus in die heiße Mittagssonne. Viele winklige Gäßchen geht der Weg auf und ab. Breite Plätze öffnen sich. An der Wand eines Hauses bekämpft ein riesiger kleiner David einen noch riesigeren großen Goliath. Schließlich landet man an einem kleinen Stück vom ältesten Teil der Stadtmauer. Während man immer noch im Historischen befangen ist, hört man von der anderen Seite der Mauer das Klappern von Gläsern. An die alte Stadtmauer, die solide das ganze Mittelalter überdauert hat, lehnt sich ein windiges Bretterbüdchen. Vor dem Bretterbüdchen stehen Bänke, die den Wanderer zur Ruhe und zur Labe laden.

Es sind schlichte Holzbänke nur. Aber sie sind ein prächtiger Sitz für einen Ausblick über die Geschichte des deutschen Mittelalters.

Vor dem Auge des Betrachters spannt sich über die Donau die alte Brücke, die Herzog Heinrich der Stolze vor genau achthundert Jahren zu bauen begonnen hat. Über diese Brücke zog Friedrich Barbarossa A. D. 1189, um von Regensburg zum Kreuzzug nach Palästina aufzubrechen. Über diese Brücke zogen die schwerbeladenen Wagen der reichen Regensburger Kaufleute. Über diese Brücke zogen die großen geistlichen und weltlichen Herren, die zum Reichstag nach Regensburg kamen. Sie sah Heere und Prozessionen, Fürsten und Bettler, Reichtum und Armut, Gelehrte und Gaukler, die Pracht des alten Reiches und die siegreichen Soldaten Napoleons. Das Auf und Ab der Jahrhunderte ist über sie hinweggezogen, während der zeitlose Strom unter ihr dahinfloß. Zwischen Süden und Norden spannt sie ihren edlen Bogen, das Land diesseits und jenseits miteinander zu verbinden. Die Bauwerke des Menschen prägen das Gesicht der Landschaft. Aber die Menschen vergehen, und nur ihre Werke überdauern die Zeiten. Doch braucht man sich nicht ganz verloren vorzukommen angesichts von soviel Größe. Über allem strahlt die Sonne, und der Himmel spannt lächelnd sein blaues Dach über Fluß, Dom, Brücke und kleinem Menschen.

## HINTERM FENSTERKREUZ

Ich sitze an einem Fenster. Rechts oben ist es ein wenig verdunkelt durch Wein, der an der Mauer wächst und gerade sich anschickt, jenen verwickelten Prozeß zu starten, der zum Schluß als Blume aus dem Glase steigt. Hinter mir steht ein gewaltiges Sofa, auf das ich von Zeit zu Zeit einen sehnsüchtigen Blick werfe. Es stammt noch aus der Väter

Tagen und war einst die Basis jenes wahrhaft christlichen Seelenfriedens, welcher ein so hervorstechendes Merkmal der Predigten des hochseligen Pfarrers, weiland Superintendenten der churfürstlichen Haupt- und Residenzstadt war. Im Hinblick auf das Sofa fühle ich eine leichte Müdigkeit. Lenken wir unseren Blick von dem unerreichbaren Sofa und seinem Frieden zum Fenster hinaus, sehen wir auf der rechten Seite die Dächer einiger Bauernhäuser mit ihren Schornsteinen, aus deren einem ein stiller Rauch zum Himmel steigt, den Fleiß einer braven Frau zu preisen, die zum nahen Mittagessen die Kartoffeln weich hat.

Ganz nahe zur Linken steht die alte Klosterkirche, in einem reinen und edlen romanischen Stil, geschichtet aus mächtigen Quadern, welche nahezu ein Jahrtausend lang der Frömmigkeit Schutz geboten haben und sicher noch ein weiteres Jahrtausend ragen werden, um zu beweisen, daß der Mensch nicht allein von der Kartoffel lebt.

Vom Turm der Kirche läutet die helle und freundliche Mittagsglocke. Der Fährmann an der Weser legt das Ruder nieder, um zu Mittag zu essen.

Es wäre nunmehr das Gegebene, sich weiter in die Reize des Landlebens zu versenken. Aber so leicht wird einem das Leben nicht gemacht. Vor dem Portal der Kirche, durch das so viele hundert Jahre die frommen Benediktinerinnen würdig und gemessen aus- und eingeschritten sind, steht ein Auto.

Auf den ersten Blick ist es ein ganz gewöhnliches Auto. Aber auf den ersten Blick ist jedes Mädchen zum Verlieben. Auf den zweiten Blick kommt es an.

Beim zweiten Blick sieht man unter dem linken Hinterrad einen sonderbaren gelben Wollknäuel hervorrollen, der sich bei näherer Betrachtung als ein Gössel in der Blüte seiner Jugend herausstellt. Schon auch kommt Mutter Gans um den Kotflügel herumgeschwenkt, um sich zu überzeugen, daß das Gössel bei seinen Forschungsfahrten im Reich der Technik keine Diätfehler macht. In diesem Augenblick ist die Poesie tatsächlich vollkommen.

Vollkommene Poesie währt niemals lange. Der Mann hinterm Fensterkreuz denkt an Martini und wie knusprig dann das Gössel in der Pfanne schmoren wird. Schon auch kommt Ponto geschossen, der Foxterrier, und will sich auf das Gössel stürzen. Dem rechtzeitigen Dazwischentreten einer Magd gelingt es, einen Mord zu verhindern, dem die Bratpfanne als moralische Unterlage gefehlt hätte.

Unschlüssig steht das Föxchen neben dem Auto. Auf den ersten Blick erscheint auch ihm ein Kotflügel eine Ecke zu sein wie jede andere. Aber ehe noch der Fox das Bein gehoben hat, ist er stutzig geworden. Er beschnuppert das Auto und wird immer nachdenklicher. Was er da in die Nase bekommt, ist Straußenwitterung, Antilopenlosung und der Ruch vom Gnu.

Natürlich weiß Ponto nicht, was ein Gnu ist. Aber der erste Europäer, der ein Gnu zu sehen bekommen hat, wußte ja auch nicht, daß es ein Gnu war. Ponto hat eine afrikanische Entdeckung gemacht. Er wird ohne Zweifel unter den Hunden des Dorfes ungemein an Ansehen gewinnen.

Das Auto auf den zweiten Blick nämlich kommt stracks aus der Wüste Kalahari. Wir wissen ja lange schon, daß so etwas möglich ist. Aber wenn die Kalahari so geradeswegs vor dem Tor der benediktinischen Frömmigkeit vorfährt, so geraten wir doch in nicht geringes Erstaunen.

Da ich an Neugier einem Foxterrier nicht nachstehe, habe ich einmal die Nabe berührt und bin dann mit dem Finger über das Papier gestrichen. Es ist also nicht zuviel gesagt, wenn ich behaupte, daß diese Betrachtungen im Staub der Wüste Kalahari geschrieben sind.

Morgen rollt das Kalahariauto wieder gen Süden, und ehe noch die Kirschen reif sein werden, wird es wieder den Staub der Wüste aufwirbeln. Ein nächtlicher Schakal wird den Ruch des benediktinischen Gössels in die Nase und einen furchtbaren Hunger in den Hals bekommen. Aber das Gössel ist von einer weisen Vorsehung dem Enkel des weiland churfürstlich-hessischen Superintendenten aufgehoben. So wird der Schakal vor Wut in den Pneu beißen. Die gute benediktinische Frühlingsluft, die der Kalaharimann auf dem Klosterhof mit so viel Mühe in seinen Reifen hineingepumpt hat, wird mit einem leisen Pfiff durch die heiße Nacht der Wüste streichen. Ein einsamer Kaffer wird diesen tausendjährigen frommen Hauch einatmen. Das wird ihm an der Pforte des Himmels gewiß einmal von großem Nutzen sein. Einem Kaffern, der etwas vom Hauche des heiligen Benedikt verspürt hat, muß doch wohl die ewige Seligkeit sicher sein.

Zweifellos ist es eine höchst oberflächliche Betrachtungsweise, über die Fazilitäten der Kommunikation gering zu denken. Die Methoden, deren die Vorsehung sich bedient, um dem Menschen Gutes zu erweisen, sind meistens viel zu delikat, als daß wir sie so ohne weiteres durchschauen könnten.

Wir begleiten das gelbe Gössel auf seinem Weg um den Misthaufen herum und unter den Beinen des Hengstes Heinrich hindurch mit viel Wohlwollen und mit vielen guten Wünschen. Wir folgen dem Klang der Glocken bis zu den nahen Bergen jenseits des Flusses, wo er im Walde verschwindet. Der ganze weiche Moosboden ist bedeckt mit einem wunderbaren Teppich frommer Klänge, die seit vielen, vielen Menschenaltern auf ihn herniedergefallen sind.

Wir folgen dem Kalaharimann nicht ohne leisen Neid. Wie gerne würden auch wir uns einmal das Verdeck von einem Vogel Strauß zerhacken lassen. So gerne steckt er den Kopf nämlich gar nicht in den Sand. Dafür wird der Kalaharimann mit leisem Neid an uns denken, wenn wir die frischen Kirschen von den Bäumen pflücken werden.

## MATHEMATIK DER WEIBER

Der irische Erziehungsminister will den Mathematikunterricht für Mädchen abschaffen. Er hat erklärt, daß die Beschäftigung mit Mathematik für Mädchen Zeitverschwendung sei.

Diese Nachricht ist geeignet, auf den meisten männlichen Gesichtern ein maliziöses Lächeln hervorzuzaubern. Wenn irgendein Vorurteil fest gefügt ist, so ist es das, daß die Differentialrechnung eine Domäne männlichen Verstandes sei und die höhere Mathematik eine Sache, von der die nichts verstünden, die man in diesem Zusammenhang die Weiber zu nennen pflegt.

Nun, ich habe von je die Mathematiker bewundert, so wie ein kleiner dicker Mann mit Bauch von ebener Erde aus die Akrobaten auf dem hohen Seil bewundert. Der kleine dicke Mann weiß sich dabei frei von Minderwertigkeitskomplexen. Er hat durchaus das Gefühl, daß auch er sich mit Grazie auf dem hohen Seil bewegen könnte, wenn er es halbwegs zwanzig Jahre lang geübt hätte. Er ist zufrieden darüber, daß er das nicht getan hat. Die Produktionen auf dem hohen Seil nennt der Volksmund von jeher brotlose Künste.

Wenn man die Frage stellte, ob Männer etwas von Mathematik verstünden – so wie man die Frage stellt, ob Männer etwas vom Kartenspielen verstehen –, so würde sich herausstellen, daß es darüber keine feste Meinung gibt. Sicher ist nur, daß die Männer über die Mathematik der Weiber eine Meinung haben. Was von dieser Meinung zu halten ist, werden wir sogleich sehen. Als die berühmte Sonja Kowalewska auf einen ordentlichen Lehrstuhl für Mathematik nach Göttingen berufen werden sollte, gab es über diese Berufung im Senat einen langen Disput. Freilich wurden nicht die mathematischen Fähigkeiten der zu Berufenden diskutiert, sondern die Frage, ob es angängig sei, auf einen Göttinger ordentlichen Lehrstuhl eine Frau zu berufen. Diese ja würde in den Senat einziehen. Das war seit der Begründung der ehrwürdigen Georgia Augusta noch nicht vorgekommen.

Dieser Disput wurde beendet durch einen Zwischenruf von David Hilbert, der seines ostpreußischen Mutterwitzes wegen mindestens ebenso gerühmt zu werden verdient wie seines wissenschaftlichen Genies wegen. Hilbert schnitt die Auseinandersetzung über die weibliche Mathematik mit der Bemerkung ab: „Aber meijne Harren, wir sind doch eejn Senat und keejne Badeanstalt!"

Zur Ehre der Mathematik sei's gesagt, der Zwischenrufer war der größte Mathematiker unserer Zeit. Wir können also sagen, daß wenigstens der Teil der Männer, welcher von Mathematik etwas versteht, der Frage der weiblichen Mathematik mit einer gewissen Objektivität gegenübersteht.

Gleichwohl bleibt fraglich, ob selbst die Mathematiker

den hier vorliegenden Problemen genügend gründlich nachgegangen sind. Mit der sogenannten Milchmädchenrechnung haben sich zwar die Dichter abgegeben und ihren moralischen Grund untersucht. Aber dabei wurde immer als gegeben vorausgesetzt, daß der Milchtopf auf den Steinen zerschellt. Wenn man einmal annimmt, daß der Milchtopf ganz bleibt, dann stellt sich heraus, daß, vom mathematischen Standpunkt aus, die Milchmädchenrechnung vollständig richtig ist.

Wir verdanken Strindberg eines der schönsten Beispiele weiblicher Mathematik. Gewiß hat die Mathematik das Prinzip der geometrischen Reihe konzipiert. Aber das mathematische Prinzip, das in der folgenden Geschichte verborgen steckt, ist bislang von seiten der mathematischen Wissenschaft überhaupt noch nicht bemerkt worden.

Strindberg findet eines Morgens, während er am Frühstückstisch seiner Frau gegenübersitzt, bei der Post einen Brief, der offenbar die Rechnung einer Modistin enthält. Er reicht ihn seiner Frau, die ihn öffnet, aber nichts weiter dazu sagt.

Schließlich fragt er, ein wenig nervös:

„Wieviel ist es denn?" Wonach sie ihn auffordert, zu raten.

Er rät also:

„Hundert Kronen?"

„Nein, doppelt soviel."

„Also zweihundert?"

„Nein, vierhundert!" –

Man könnte dies vielleicht das Prinzip der stereometrischen Reihe nennen. Man wäre von diesem Prinzip vollständig entzückt, wenn man nicht so traurig darüber sein müßte, daß Strindberg über diese Mathematik so böse geworden ist.

Ohne Zweifel gibt es weibliche Rechnungsarten, von denen unser wissenschaftlicher Verstand sich nichts träumen läßt. Nun wäre es nicht weiter schlimm, wenn unsere Vorurteile uns nur dazu führten, die Frauen um den Ruhm ihrer mathematischen Entdeckungen zu prellen. Frauen wissen zu genau, was für eine zweifelhafte Sache der Ruhm ist, als daß sie sich darüber sehr viel Kummer machten. Tatsache ist, daß die Fähigkeit der Frauen, aus hundert Kronen durch stereometrische Verdoppelung vierhundert Kronen zu machen, die Grundlage von unser aller Existenz ist.

Fern vom männlichen Verstand, fern von der mathematischen Forschung, fern vom wissenschaftlichen Ruhm spielt sich unter uns täglich tausendmal das unbeschreibliche Wunder jener weiblichen Mathematik ab, mit der noch kein Leibniz jemals sich befaßt hat. Es handelt sich um das mathematische Wunder, mit dem Haushaltgelde auszukommen.

Chesterton hat uns das schöne Bild entworfen von dem Mann, der vor des Hauses Tür steht und mit der Schaufel das Geld hineinschaufelt. Gewiß eine harte Arbeit, die Schweiß genug kostet, freilich auch eine Arbeit, die nicht nur des Schweißes der Edlen, sondern auch des Schweißes der Schlichten wert ist. Die Frau dagegen muß die hundert Mauselöcher bewachen, durch welche das Geld wieder von dannen rinnt.

Vielleicht kämen wir uns sehr großartig vor, wenn wir der Frau die Schaufel in die Hand drückten und dann feststellten, daß sie nicht so prächtig schaufeln könne wir wir. Aber dann müßten wir die hundert Mauselöcher bewachen. Und da würden wir bald nicht nur gänzlich außer Atem kommen, sondern auch in Kürze vollständig blödsinnig werden.

Die Frauen werden in einem ganzen Leben nicht blödsinnig davon. Die Mathematik der Mauselöcher, von der wir keine Ahnung haben, ermöglicht es der Frau, ein ganz behagliches Heim in Betrieb zu halten mit halb soviel Geld, als ein Mann bei vorsichtiger Kalkulation dafür brauchen würde.

Dafür lassen sie uns den Ruhm, daß wir etwas von Mathematik verstünden und sie nicht. Sie lächeln noch dazu und kaufen sich von ihrem Überschuß als Krone ihres Lächelns ein stereometrisches Frühjahrsmodellhütchen, welches, wenn man es mathematisch definieren wollte, die dreidimensionale Projektion eines vierdimensionalen Körpers ist.

Ich stimme mit dem irischen Erziehungsminister vollständig darin überein, daß die Beschäftigung mit Mathematik für Mädchen Zeitverschwendung ist.

In dieser Sache sind sie alle geborene Genies.

## ÜBER DIE ALBERNHEIT

Der Kilometerzähler zeigte 29 999 Kilometer. Noch einen Kilometer, und alle fünf Ziffern mußten auf einmal springen. Während ich gleichgültig vor mich hinsah, blickte Erich genau so gleichgültig auf die Landstraße, auf der er den Moritz II mit neunzig Sachen in der Stunde auf Spur hielt. In diesem Augenblick hätte die Gralsburg am Horizont auftauchen können, wir hätten ihrer nicht geachtet. Natürlich trauten wir einander nicht. Und richtig, als die fünf Ziffern sich gleichzeitig in Bewegung setzten, fingen wir, um auf diese erlesene kosmische Pointe einander aufmerksam zu machen, beide gleichzeitig wie die Indianer zu brüllen an: „Dreißigtausend! Dreißigtausend!" Erich trat in die Bremse. Wir lachten, als ob dreißigtausend Kilometer die grandioseste Sache von der Welt wäre. Wir waren albern!

Aber die Götter waren auf unserer Seite. Als wir uns umsahen, hielt Moritz II genau vor einer Gralsburg. Wir wollen es dahingestellt sein lassen, ob sie für uns dahin gestellt war. Jedenfalls war es die altberühmte Kneipe „Zur guten Hoffnung". Wortlos griffen wir beide unter den Sitz und holten eine ungeheuer verbeulte und verrostete Feldflasche hervor. Wir eilten in die Kneipe, füllten einen Jägerkorn in die Flasche und gossen diesen Korn über den Kühler von Moritz II unter Absingung des feierlichen Shanty:

„O take me to the merry land ..." Und dann lachten wir, als ob wir die witzigsten Burschen von der Welt wären.

Leider, wie schon gesagt, waren wir nicht witzig, wir waren albern. –

Die Albernheit ist weit verbreitet in der Welt. Gleichwohl findet man sie weder in den Schriften der Alten noch bei den Scholastikern eingehender behandelt. Auch wird sie weder in der bildenden Kunst irgendwo dargestellt noch in der Poesie irgendwo gepriesen. Ja, man weiß nicht einmal, ob sie eine Tugend oder ein Laster ist. Sie ist eine apokryphe Eigenschaft des Menschen. Es wird Zeit, daß man sie in Betracht zieht.

Die Albernheit hat nichts mit der Narrheit zu tun. Die Narrheit ist für andere, eine Schutzhülle gegen die Umwelt. Die Albernheit ist für einen selber, eine Erholung von der Umwelt. Die Albernheit hat auch nichts mit der Torheit zu tun. Die sieben törichten Jungfrauen waren durchaus keine sieben albernen Jungfrauen. Sieben alberne Jungfrauen, das sind sieben Backfische. Backfische lachen nicht, Backfische kichern. Wenn der Ernst des Lebens in ihr Leben getreten ist, hören sie sowohl auf zu kichern, wie sie aufhören, Backfische zu sein. Und wenn sie auch noch aufgehört haben, Jungfrauen zu sein, dann sind sie derjenige Teil der Menschheit geworden, der zu sagen pflegt:

„Erich, sei nicht so albern!"

Während beim weiblichen Geschlecht die Albernheit nur in gewissen frustranen Frühformen auftritt, entwickelt sie sich beim Mann mit fortschreitender innerer Reife zu immer barockeren Formen.

Albernheit ist die Fähigkeit, über die allerdümmste Sache das allergroßartigste Gelächter anstimmen zu können. Gewiß gehört Sinn für Humor dazu, über eine komische Sache zu lachen. Zum Albernsein gehört mehr. Zum Albernsein bedarf es keines Grundes. Erst wenn man die Souveränität und Freiheit besitzt, da zu lachen, wo überhaupt kein Grund vorliegt, dann erst ist man albern. Die Albernheit ist ein Protest gegen die festgefügte und stumpfsinnige Ordnung der Welt, ein Aufstand der menschlichen Seele gegen das Gefängnis, das sie sich selber gebaut hat.

Ohne Zweifel haftet der Albernheit etwas Anarchisches an. Wenn Männer, die im Leben ihren Mann stellen, plötzlich aus heiterem Himmel ihren Mann nicht mehr stellen, sondern zu lachen anfangen, so bedrohen sie das Gleichgewicht des Daseins. Da sie keinen Grund haben, warum sie zu lachen angefangen haben, könnte es ja leicht eintreten, daß sie keinen Grund finden, zu lachen aufzuhören. Das alberne Gelächter ausgewachsener Männer ist immer der Anfang vom Untergang der Welt. Darum haben die Albernheiten der Männer für die Frauen etwas Unheimliches. So brauchen wir uns nicht zu wundern, daß es die

Träger der Weltordnung sind, die gewesenen Jungfrauen, die uns zurückpfeifen aus dem schönen Land der Freiheit. „Erich, sei nicht so albern!" ist das Gralsmotiv der Alltäglichkeit, das Zeichen, daß das Jüngste Gericht noch zu verschieben und zunächst der Gasmann zu bezahlen sei.

Die Albernheit wird um so erhabener sein, je höher der Sockel ist, von dem der Mensch herabspringt. Man muß Geist haben, um ihn aufgeben zu können. Voltaires Albernheiten sind großartiger als die seines Dieners. Die Albernheiten der Götter sind erhabener als die der Satyrn.

Die Weisheit der Griechen fügte an die Tragödie das Satyrspiel. Die Komödien des Plautus stecken ebenso voller Albernheiten wie der Sommernachtstraum. Goethe wäre nicht ein so großer Mann geworden, wenn er nicht fähig gewesen wäre, sich von sich selbst zu erholen bei einigen Albernheiten, die freilich für einen gewöhnlichen Menschen ausgereicht hätten, den Ernst seines Lebens davon zu bestreiten.

So neigen wir, je näher wir der Sache kommen, immer mehr dazu, die Albernheit für eine Tugend zu halten. Jedenfalls, wenn sie ein Laster wäre, so wäre sie ein geselliges Laster.

Zwar, der wahrhaft große Geist ist albern auch allein, besonders in der Badewanne. Aber am besten ist man albern zu zweit. Hier entdecken wir, daß die Albernheit, um betrieben zu werden, die beste Sache voraussetzt, die es in der Welt gibt – sie bedarf der Freundschaft.

Einem Kameraden hilft man. Einem Kollegen mißtraut man. Mit einem Freunde ist man albern. Das angeborene Mißtrauen der Frauen gegen den Freund des Geliebten beruht darauf, daß die Frauen fürchten, der Freund werde den Geliebten zur Tugend der Albernheit verführen. Und das fürwahr fürchten sie mit Recht. Mit dem Freunde erhebt sich der Geliebte in jene hohe Sphäre, in der zwischen Sternen nur noch Gelächter erschallt. Nichts mehr gilt da die Realität. Alles sieht flach aus von da oben. Wenn die Liebe nicht ein Gebirge ist, dann sieht man sie nicht mehr.

Die Albernheit ist eine männliche Tugend, die Geist voraussetzt, um ihn aufgeben zu können, und Ordnung, um sie umstürzen zu können. Sie ist der Prüfstein der Freundschaft sowohl als der Liebe. Nichts sollten die Frauen so ernst nehmen wie unsere Albernheiten. Über nichts sollten sie trauriger sein, als wenn wir nicht albern genug sind. Der menschliche Geist bedarf der Möglichkeit der Freiheit. Wenn wir nicht zwischen den Sternen Gelächter ertönen lassen können, können wir dem Gasmann gegenüber nicht ernst bleiben. Wenn wir nicht die Rechnungen des Lebens begleichen, sitzen die Frauen, die des Lichtes so sehr bedürfen, im Dunkeln. Endlos wohl, endlos bis zum Jüngsten Tage, wäre das Gelächter, das wir anstimmten, wenn aus diesem Dunkel eine Stimme ertönte:

„Erich, sei nicht so albern!"

## EINE GALANTE ÜBERRASCHUNG

Als Balzac die „*Femme de trente ans*" schrieb, eroberte er einer ganzen Generation von Frauen ein volles Jahrzehnt zu ihrem Leben hinzu. Bis dahin herrschte die Meinung, daß ein Mädchen von fünfundzwanzig Jahren eine alte Jungfer und eine Frau von Dreißig passée sei.

Balzac besiegte dieses durch nichts begründete Vorurteil. Sein Sieg war allgemein. Die Dankbarkeit der Frauen hat ihm zum Ruhm verholfen.

Ist es dabei geblieben? Läßt sich nicht vielleicht noch einmal Ruhm erwerben durch Eroberung eines weiteren Jahrzehnts? Sehen wir uns nach festen Anhaltspunkten um! Wir werden dabei keinen Ruhm erwerben, aber eine galante Überraschung können wir den Frauen bereiten.

Um zu vermeiden, daß unsere festen Anhaltspunkte den Schwankungen zeitgenössischer Betrachtung ausgesetzt sind, gehen wir auf die Antike zurück. Es ist die Autorität des alten Vaters Homer, welcher wir uns anvertrauen wollen.

Als Odysseus nach Ithaka zurückkehrte, fand er in seinem Haus zwei Dutzend Freier, die sich um Penelope bewarben. Wie alt war damals Penelope?

Sie hatte einen erwachsenen Sohn. Odysseus war zwanzig Jahre abwesend gewesen, zehn Jahre im Schützengraben und zehn Jahre auf der Heimreise. Penelope muß also doch bei Odysseus' Rückkehr etwa vierzig Jahre alt gewesen sein. Penelope, eine Frau von vierzig Jahren, fand also immerhin noch zwei Dutzend Männer, die das Leben mit ihr beginnen wollten.

Ein scharfsinniger Gegner könnte einwenden, daß es sich bei diesen Bewerbern kaum um Leute gehandelt habe, die eine Liebesheirat eingehen wollten. In der Tat war Penelope eine sehr vermögende Dame. Unter den Freiern, die alle den Trojanischen Krieg nicht mitgemacht hatten, mag sich mancher Speerfabrikant und Kriegsgewinnler befunden haben. Diesen scharfsinnigen Gegner vermögen wir leicht aus dem Sattel zu heben. Er wird sich verblüfft im Sande wiederfinden angesichts der Frage, wie alt denn nun eigentlich Helena war, als Paris sie entführte. Unser scharfsinniger Gegner wird uns von vornherein zugeben, daß ein so verrücktes Unternehmen nur aus Liebe geschehen konnte.

Ein witziger und im Homer trefflich beschlagener schwedischer Gelehrter hat das ausgerechnet. Niemand scheint dazu mehr geeignet als ein Landsmann jener Helena von Hollywood, um die schon längst ein Krieg entbrannt wäre, wenn Männer noch so galante Helden wären wie ehedem.

Helenas Schwester war Klytemnästra, die Gattin Agamemnons, des Königs von Mykene. Sie war nach Homers eigenen Angaben nur wenig älter als ihre Schwester Helena. Eines ihrer Kinder ist Iphigenie, die bei Ausbruch des Trojanischen Krieges zwanzig Jahre alt war. Klytemnästra war also damals mindestens vierzig Jahre alt und Helena, als sie geraubt wurde, vielleicht achtunddreißig oder neununddreißig, und, als sie nach Griechenland zurückkehrte, achtundvierzig Jahre.

Wir wissen nicht, ob es noch viele so schöne Frauen wie Helena in Griechenland gegeben hat. Es geht den Frauen mit der Schönheit wie den Feldherrn mit dem Ruhm. Gesichert ist ihr Gedächtnis nur dann, wenn sie einen finden, der sie in Stein oder Erz festhält oder sie auf ein wenig Leinwand malt oder ihnen einige flüchtige Verse widmet. Was wüßten wir noch von Colleoni, wenn Verrocchio ihn nicht in Bronze gegossen hätte. Wie vollständig hätten wir den Prinzen Eugen vergessen, wenn nicht ein Soldat am Lagerfeuer dem edlen Ritter einige unsterbliche Verse gedichtet hätte. Nicht jeder kann, wie Cäsar, die Geschichte seines Ruhmes mit seinen eigenen Memoiren beginnen.

Selbst wenn es in Griechenland nur diese eine Frau von so edler Schönheit gegeben hätte, so wüßten wir doch, daß die Helden der Antike bereit waren, für eine Frau von vierzig Jahren einander die Schädel einzuschlagen.

Wahrscheinlich hätten sie das auch getan, wenn Helena erst zwanzig gewesen wäre. Aber bei Homer, dem Vater der Dichtkunst, ist nichts zufällig. Es kommt also für die Frauen nicht so sehr darauf an, daß sie zwanzig sind oder daß sie, wenn sie vierzig sind, wie zwanzig aussehen, sondern daß sie, wenn sie vierzig sind, einen finden, der bereit ist, eine abgründige Verrücktheit für sie zu begehen.

Für Helena haben das Leben und der Ruhm tatsächlich mit vierzig erst begonnen. Freilich, mit vierzig war auch ihr Glück zu Ende. Auf Heldengräbern schläft sich's schlecht, wofür unsere Zeit noch nicht das unbedeutendste Beispiel ist.

Die Frauen, die wir so angenehm überraschen konnten, haben den Gewinn, daß sie über ihre ersten grauen Haare nicht betrübt zu sein brauchen. Natürlich haben sie die Pflicht, nunmehr ein wenig im Homer zu lesen. Wenn sie sich bisher vor ihm gefürchtet haben, weil er so eminent klassisch ist, so müssen sie jetzt ihm dankbar sein. Es läßt sich nicht leugnen, daß Homer künftig zu den galanten Autoren gerechnet werden muß. Die Frauen dürfen es nicht dahin kommen lassen, daß es sich für Autoren nicht mehr lohnt, galant zu sein.

Denn, wenn sie fünfzig sind, wer soll sie trösten, wenn es nicht die Dichter sind!

## IN MEMORIAM ROCKEFELLER

Rockefeller ist gestorben. Er soll von sich einmal gesagt haben, daß er, obwohl Herr über alles Öl der Welt, nicht genug habe, um seine Gelenke damit zu schmieren. Diese Äußerung des reichsten Mannes der Welt ist tiefsinnig und von wahrer Größe. Sie stellt ihn unmittelbar neben Diogenes. Das Tertium comparationis Rockefeller-Diogenes war

OLAF GULBRANSSON 48

bisher das Faß. Beide wählten das Faß für den Versuch, auf dieser Welt glücklich zu werden. Der eine füllte es mit Öl, der andere mit sich selber. Jetzt sind sie auch durch Weisheit miteinander verbunden.

Das hauptsächlichste Abfallprodukt der Ölfabrikation sind die großen wissenschaftlichen Entdeckungen, die durch die Rockefeller Foundation ermöglicht wurden. Dafür müssen wir Mr. Rockefeller dankbar sein. Für seine Weisheit müssen wir ihn bewundern.

Der reichste und der ärmste Mann der Welt, worin haben sie sich getroffen? In der Weisheit und in einem Faß. Wenn man jemals der Weisheit ein Denkmal setzen wollte, was freilich noch gute Weile hat, es müßte ein Faß sein. Ein Faß, mit Diogenes darin und Rockefeller darauf.

Jahrhunderte würden offenen Mundes dieses Monument bestaunen als die Sphinx unserer Zeit.

## SEHENSWÜRDIGKEITEN

Die Sehenswürdigkeiten gehören zu den härtesten Pflichten, die die Kultur dem europäischen Reisenden auferlegt. Man zieht aus, um Land und Leute kennenzulernen. Wenn man heimkommt, hat man die Sehenswürdigkeiten gesehen.

Einige behaupten, die Sehenswürdigkeiten seien die Erfindung eines gewissen Herrn Baedeker. Aber Herr Baedeker hat nur die Sterne erfunden. Sie sind für einen Palazzo nicht bedeutungsvoller als für eine Cognakflasche. Daß einer dem Laster der Trunksucht verfällt, liegt nicht an der Flasche. In den Palazzo braucht man nicht hineinzugehen. Nein, Herr Baedeker, dieser hochverdiente Mann, ist unschuldig. In der Tat versieht er ja auch die Essenswürdigkeiten Westfalens, die Trinkenswürdigkeiten des Glottertals und die Schlafenswürdigkeiten manches guten Gasthofs mit seinen Sternen.

Eine Reise ist, wie die Liebe, eine Fahrt ins Unbekannte. Entdeckungen und Überraschungen warten unser. Niemand kommt auf die Idee, bevor er sich in das Abenteuer der Liebe stürzt, sich mit Rosamundes Führungszeugnissen, mit ihrem Horoskop und mit der Deutung ihrer Handschrift zu beschäftigen. Den Fehler, den Baedeker vor der Reise zu lesen statt hinterher, machen die meisten Menschen.

Wenn vordem Männer über die Alpen nach Süden zogen, lockte sie das Geheimnis der Ferne. Die alten Städte stiegen an ihrem Abendhimmel auf, aus Träumen geboren. Die erhabene Feierlichkeit fremder Kathedralen gab ihren Gebeten eine schöne Innigkeit. In den Burgen waren sie zu Gast oder sie mußten sie erobern. Den schiefen Turm zu Pisa bewunderten sie, nicht weil er aus dem zwölften Jahrhundert stammte, sondern weil er schief war. Den Bedürfnissen der menschlichen Seele entspricht es weit mehr, von der Spitze dieses Turmes einen Kieselstein in die Tiefe zu senden, als die Säulenbögen auf ihre Entstehungszeit zu betrachten. Der Blick auf die Säulenbögen geht zwischendurch ins Leere. Der Kieselstein fällt auf den fruchtbaren Boden der Erkenntnis.

Welch ein Gefühl, in einer fremden Stadt auf dem Platz vor dem Bahnhof zu stehen! Nur Häretiker und Schismatiker, die weder zum Himmel noch zu sich selber Vertrauen haben, bringen es fertig, den Schleier der Erwartung mit plumper Hand zu zerreißen und den Schutzmann nach dem Weg zu fragen. Wer das nicht selbst herauszufinden vermag, welche von den drei Straßen die richtige ist, die Wilhelmstraße, die Bahnhofstraße oder der Bürgermeister-Müller-Ring, der ist nicht wert, die Fremde kennenzulernen.

Hat man den köstlichen Sieg über das Unbekannte errungen und im Café Central am Rathausplatz Anker geworfen, so versuche man, die umstehenden Gebäude auf ihren Verwendungszweck zu bestimmen. Es gibt untrügliche Merkmale, Finanzämter von Festspielhäusern zu unterscheiden. Finanzämter bevorzugen ganz allgemein eine besondere Art von Regierungsrenaissance, während Festspielhäuser sich eher klassizistisch geben. Trutzige Granitmauern mit burgartigen Erkern sind als Oberpostdirektionen anzusprechen. Bei schlichter Backsteingotik dagegen geht man selten fehl, wenn man auf ein früheres Generalkommando tippt. Großbanken treten im Stile griechischer Tempel auf, wohingegen frühromanische Formenstrenge auf ein Oberlandesgericht schließen läßt.

Hat man dergestalt die eigentlichen und wichtigen Sehenswürdigkeiten einer Stadt eine nach der anderen selber gefunden, so kann man sich dem zuwenden, was nicht den Eingeborenen, sondern nur den Fremden angeht.

Keine Angst vor Museen! Wenn man wieder zu Hause sein wird, wird man an Hand seines Baedeker feststellen können, ob man hätte hineingehen sollen oder nicht. Auf jeden Fall sind Museen im Sommer kühl und im Winter warm. Außerdem gibt es in Museen eine Art von Sofas, wie man sie mit großer Mühe nur noch bei einer aussterbenden Gattung von Wirtinnen findet.

Das Wichtigste beim Besuch eines Museums ist zunächst nicht, daß man die Bilder betrachtet, sondern daß man persönliche Beziehungen zum Museumsdiener anknüpft. Der würdige Mann, der die Sixtinische Madonna bewachte, sah seit Jahrzehnten schon wie der Prophet Hesekiel aus. Er erinnerte sich, wie der Zar von Rußland da gestanden und bewundert hatte. Er hatte Rockefeller vor diesem Bilde gesehen, welches zu den zehn Gegenständen auf der Welt gehörte, die Rockefeller sich nicht kaufen konnte. Er hatte die Pawlowa gesehen, den Herzog von Windsor und Caruso. Er sah auch mit Verachtung die Unzähligen, die da vorbeizogen, ohne zu wissen, daß dieses Bild sechsunddreißig Millionen Mark wert war. Man konnte das ausrechnen, wenn man die jährlichen Eintrittsgelder als fünfprozentige Verzinsung des Kapitals betrachtete. Dergleichen steht in keinem Baedeker. Man kann es nur vom Propheten Hesekiel erfahren.

Der Prophet Hesekiel stand an einem Brennpunkt des Fremdenverkehrs. Anspruchsloser, aber liebenswürdiger war der Führer durch das erzbischöfliche Palais in Bamberg. Er zeigte den Schreibtisch, an welchem Napoleon den Frieden von Tilsit unterzeichnete. Zum tausendsten Male genoß er dabei den feierlichen Schauer, der unsereinen erfaßt bei dem Gedanken, dem Korsen einen Augenblick lang so nahegerückt zu sein. Er kam sich vor, als habe er einem eine Audienz bei dem Herrscher Europas verschafft. Man dachte dabei an den Mann, der in Korsika das Haus Napoleons mit der Würde eines Hofmarschalls des alten Kaiserreichs bewacht.

In den Schlössern in Bruchsal oder in Würzburg mußte man Filzpantoffeln anziehen. Hier waren es die Genossen der Entdeckungsfahrt, die den Fremden erfreuten. Vor den Parketts solcher Schlösser ergreift Frauen ausnahmslos eine tiefe Achtung. Mein Gott, was machen die im Frühling, wenn Großreinemachen ist! Der Silberschatz der Großherzogin Luise erregt das gleiche Grausen.

Zu den Kuppeln Tiepolos wagten die Ehemänner kaum aufzublicken. Selbst ruchloser Einzelgänger bemächtigte sich eine gewisse Scheu angesichts von so viel malerischer Sinnenfreude. Daß alle diese schönen Nymphen, deren Schönheit durch nichts verborgen war, so unbekümmert betrachtet werden durften, erschien manch bravem Manne und manch bravem Weibe ein unerklärliches Rätsel der Kunstgeschichte. Ob es eigentlich erlaubt ist, die Träume der Künstler von einst mit den Realitäten des Beschauers von heute zu vergleichen, das weiß ohnehin niemand so recht.

Sehenswürdigkeiten sind besser als ihr Ruf. Sofern einer sie nicht abgrast unter dem Zwang einer Bildung, die er glaubt beweisen zu müssen, sind sie ebensogut dazu zu gebrauchen, die Welt kennenzulernen wie Bahnhofshallen, Schenken oder Wartezimmer. Der dicke freundliche Mann, dem vor dem Stilleben des Frans Snyders das Wasser im Mund zusammenläuft, erweist der Kunst keine geringere Reverenz als der königliche Kaufmann, den vor dem Jüngsten Gericht des Michelangelo das Grausen ankommt. Vor den Madonnen des Cimabue mag der Stefan-George-Jüngling in Andacht versinken. Den Colleoni wird jeder alte Husarenrittmeister seines tadellosen Sitzes wegen bewundern. Was schließlich schadet es dem Laokoon, wenn der Zehnkampfsieger der Olympischen Spiele ihn seiner Muskeln wegen beneidet?

Die Alten überließen uns das Erbe ihrer Kostbarkeiten. Scheuen wir uns nicht, unserer Bewunderung und unserem Staunen freien Lauf zu lassen. Gönnen wir den Kunsthistorikern und den gebildeten Mädchen des Fin de siècle ihr Wissen über das Besondere. Uns soll niemand die Freude verderben an dem, wovon wir nichts verstehen. Die Ferne bleibt die ewig Geliebte, solange sie uns überraschen kann.

Die Sehenswürdigkeiten sind die Perlen und die Edelsteine, mit denen sie sich schmückt für uns.

## ÜBER DIE SCHÖNHEIT

Die Gazetten bringen die Nachricht, daß in Kopenhagen eine Konkurrenz europäischer Schönheiten stattfinden soll, bei welcher nicht nur die Wohlgestalt der Bewerberinnen, sondern auch ihre Intelligenz zur Prüfung steht. Das ist ein durchaus neuer Einfall, der einer eingehenden Betrachtung unterzogen zu werden verdient.

Die Beziehungen zwischen Schönheit und Intelligenz sind niemals besonders glücklich gewesen. Ist es doch eine weitverbreitete Meinung, daß schöne Frauen meistens dumm und kluge Frauen meistens häßlich seien. Ich bin nicht so unvorsichtig, zu dieser weitverbreiteten Meinung mich zu äußern. Ich begnüge mich damit, ihre weite Verbreitung festzustellen.

Immerhin, wenn man bei den Frauen eine Umfrage veranstaltete, ob sie lieber schön und dumm oder klug und häßlich sein wollten, fürchte ich, daß die meisten die Schönheit der Häßlichkeit vorziehen würden. Auch muß man sich vorstellen, welche Wirkung es wohl hätte, wenn man eine schöne Frau, die ein bezauberndes neues Teagown angezogen hat, mit dem Kompliment begrüßte:

„Nein, meine Verehrteste, was sehen Sie heute wieder intelligent aus!"

Für die Frauen hat die Schönheit den Vorteil, daß sie sowohl auf dumme wie auf kluge Männer wirkt. Die Klugheit dagegen ist nur bei den klugen Männern zu gebrauchen. Und die sind selten!

Doch wollen wir nicht abschweifen, sondern hübsch der Reihe nach vorgehen. Wenn man nämlich bei den Männern eine Umfrage veranstaltete, ob sie lieber schön und dumm oder klug und häßlich sein wollten, so hoffe ich, daß die meisten die Klugheit der Dummheit vorziehen würden. Es müßte einer schon sehr weise sein, wenn er sich wünschte, dumm zu sein. Dann natürlich wäre er auch gleich weise genug, daß er häßlich sein wollte.

Jetzt müssen wir die Sache herumdrehen. Wenn man die Frauen fragte, ob sie die Männer lieber schön und dumm oder klug und häßlich haben wollten, so ist kein Zweifel, daß sie die Klugheit der Schönheit vorziehen würden. Eine kluge Frau kann sich unmöglich einen dummen Mann wünschen. Sie würde sterben vor Langeweile. Merkwürdigerweise ziehen auch die schönen Frauen die klugen Männer vor. Sie wissen, daß es ihnen besser steht. Tatsächlich ist keine Frau so dumm, daß sie nicht wenigstens wüßte, daß sie es ist. Da ein dummer Mensch damit, daß er erkennt, daß er dumm ist, den ersten Schritt auf dem Pfade zur Weisheit schon getan hat, müssen wir feststellen, daß es vollkommen dumme Frauen überhaupt nicht gibt.

Schreiten wir zum vierten Teil unserer Investigation. Das wäre die Frage an die Männer, ob sie sich die Frauen lieber schön und dumm oder klug und häßlich wünschen. Hier, leider, gibt es nur eine Stimme. Dumme sowohl wie kluge Männer ziehen die Schönheit der Klugheit vor. Einer schönen Frau kann man stundenlang zusehen, wenn sie spricht. Einer klugen Frau muß man zuhören. Das leider können wir alle nicht. Wir reden lieber selber. Leider halten selbst die klügsten Männer sich meistens nicht nur für klug, sondern für klüger als die anderen, welches ein sicheres Zeichen für ein gewisses Maß von Dummheit ist. So

OLAF GULBRANSSON 48

müssen wir feststellen, daß es vollkommen kluge Männer ebensowenig gibt wie vollkommen dumme Frauen.

Wir könnten uns nun der Frage zuwenden, ob vielleicht, da eine schöne Frau niemals vollkommen dumm sein kann, etwa ein schöner Mann dazu imstande wäre. Wir halten das für möglich. Aber es ist nicht wichtig. Viel wichtiger ist die Frage, was auf dem Kopenhagener Wettbewerb mit einem Preis gekrönt werden soll. Die Wohlgestalt natürlich ist in einem Schönheitswettbewerb preiswürdig. Die Frage ist nur, ob das vom Gremium der Preisrichter festgestellte Maß von Klugheit nun hinzugerechnet oder abgezogen werden soll.

Man hat da, wie so oft, die Wahl zwischen zwei Idealen. Ein vollkommener Schurke wird von der Menschheit fast ebenso bewundert wie ein vollkommener Gentleman. Will man diejenige vollkommen schöne Frau herausfinden, die klug ist, oder diejenige vollkommen schöne Frau, die dumm ist?

Wie dankbar könnte die Welt dem Preisrichterkollegium sein, wenn es sich der Mühe unterzöge, beide Ideale festzustellen. Wir würden sie nebeneinander auf einem Podest aufbauen und würden sie betrachten. Links stünde die vollkommen schöne und dumme Frau, rechts die vollkommen schöne und kluge Frau. Dann bekäme ein jeder von uns einen goldenen Apfel in die Hand, das Urteil des Paris zu fällen.

Dies natürlich könnte leicht der Ausgangspunkt eines neuen Trojanischen Krieges werden. Wie auch immer die Entscheidung fiele, die Menschheit würde alsbald in die zwei Teile zerfallen derer, die bereit wären, sich für die Dummheit zu schlagen, und derer, die bereit wären, sich für die Klugheit zu schlagen. Dieser Trojanische Krieg wird nicht stattfinden. Wenn wir die beiden Ideale lange genug betrachtet haben, werden wir den goldenen Apfel in die Tasche stecken und uns von dannen trollen. Wir werden uns in die Einsamkeit zurückziehen, um nachzudenken über die erstaunliche Einsicht, welche wir aus der gründlichen Betrachtung der beiden Ideale gewonnen haben, die Einsicht nämlich, daß die vollkommen schöne Frau, welche dumm ist, von der vollkommen schönen Frau, welche klug ist, überhaupt nicht zu unterscheiden ist.

Wie sehr auch immer wir für die Dummheit uns begeistern möchten, wie sehr auch immer wir die Klugheit zu fürchten Grund hätten, das einzige, was wir dabei gewinnen können, ist die Erkenntnis, daß die Schönheit ein Geheimnis ist, das durch Wettbewerbe nicht entschleiert werden kann.

## ÜBER DAS LANDLEBEN

Die Vorzüge des Landlebens hat schon Ovid gepriesen. Er war ein Großstädter, ein Literat der Symposien der Metropole. Es ist die Zivilisation, welche Sehnsucht nach der Kultur hat. In der Tat bedarf die Zivilisation der Kultur, wenn sie leben will. Darin liegt ihre Schwäche. Die Kultur dagegen kann auf die Zivilisation verzichten. Darin liegt ihre Stärke. Die Zivilisation ist die Blüte an dem Baum, dessen Wurzel die Kultur ist. Die Zivilisation ist das Bewußte, die Kultur das Unbewußte. Man kann eine Blüte in einer Vase auf den Kamin stellen. Aber niemand kommt vernünftigerweise auf den Gedanken, mit einer Wurzel in einer Kristallschale das Pianoforte zu schmücken. Freigelegte Wurzeln verdorren.

Kultur ist schmutzig. Zivilisation ist sauber. Dreck ist

ein Merkmal von Kultur. Dreck gehört zur Kultur wie Wasserspülung zur Zivilisation. Das entscheidende Element des Landlebens ist nicht das Radio in der guten Stube, sondern der Misthaufen vor dem Fenster. Welch betrüblichen Mißverständnissen ist der Dreck ausgesetzt zusammen mit der Kultur, an welcher er haftet. Es wäre eine verdienstvolle Aufgabe, würdig eines Preises der Akademie, eine Streitschrift zu verfassen zur Verteidigung des Drecks. Arbeit macht schmutzig. Sauber bleibt nur der Nichtstuer. Ein Geck wäscht sich zehnmal am Tage. Ein Mann, der arbeitet, hat keine Zeit dazu.

Die edelste Form von Kulturschmutz ist der Kunstdreck, den wir nur deshalb als Dreck nicht wahrhaben wollen, weil wir ihn mit zivilisierter Verschämtheit Patina nennen. Man irrt sich, wenn man glaubt, uns vorhalten zu können, daß Rom den Augustus hatte, als wir noch in unseren Wäldern Eber jagten. Augustus war der zivilisierteste Herrscher, den die Welt jemals gesehen hat. Die Wurzeln der römischen Kultur aber stammen aus einer Zeit, da auch die Römer noch Eber jagten in den Wäldern des Apennin. Lesen und schreiben können die Bauern im Apennin heute noch nicht. Das heißt, die Zivilisation des Augustus hat sie noch nicht erreicht. Es kommt darauf an, auf was man stolz sein will.

Die eindrucksvollste Form von Kulturdreck ist der Misthaufen. Dieser Dreck ist so alt wie die menschliche Kultur überhaupt. Wenn ein Stück abgesprungen wäre von Phidias' Statue des Apoll, wo sonst hätte man es hinwerfen können als auf den Misthaufen. Sauberkeit währt Stunden. Dreck ist äonenalt.

Versunken stehe ich vor einem bayerischen Misthaufen und bemerke mit Verwunderung, wie aus ihm die Erkennt-

nisse wachsen. Der Bauer lädt Heu ab. Er entspricht nur wenig dem Bilde, welches manche neueren Dichter von ihm entworfen haben. Mag immerhin die Abendsonne den Giebel vergolden, tatsächlich bedarf der Giebel dringend einer Erneuerung, für die der Bauer kein Geld hat. Es ist einer der Hauptfehler der ländlichen Romane, daß in ihnen weder der Hypotheken, noch der Getreidepreise, noch der Hagelversicherung Erwähnung getan wird. Die seelischen Konflikte eines bayerischen Bauern mögen für viele von Bedeutung sein. Für einen jedenfalls sind sie ganz und gar ohne Bedeutung, für den bayerischen Bauern.

In der Scheune gackert eine Henne. Sie gackert mit jener naiven Freude am Erfolg, die es bedauerlich erscheinen läßt, daß dem Menschen eine ähnlich adäquate seelische Äußerungsmöglichkeit nicht zur Verfügung steht. Die Henne hat keine Ahnung, daß sie soeben ein genormtes Frischei gelegt hat, das nicht nur durch den Hals eines Genießers in einen Magen, sondern auch durch den Rechenstift eines Wissenschaftlers in die Produktionsstatistik rutschen wird. Der Bauer steht sowohl inmitten seines Hofes als auch inmitten der Weltwirtschaft. Wenn man seine Ernte in der Scheuer betrachtet, so muß man zugeben, daß sie nur zur Hälfte der Sonne, zur anderen Hälfte den Leunawerken zu verdanken ist. Es gehört zu den größten Taten der Wissenschaft, daß sie Mist aus der Luft zu produzieren vermag. Wenn einer sich vom Brot eine Scheibe abschneidet, sollte er daran denken. Auf diese Weise wird sowohl seine Achtung vor dem Mist wie seine Achtung vor der Wissenschaft steigen.

Freilich, der künstliche Mist, den die Wissenschaft macht, entbehrt jenes kulturellen Odems, den allein der echte Mist hat, den die Kühe produzieren. In diesem Punkte ist die Kuh den Leunawerken über. Der künstliche Mist ist nur ein Produkt der Zivilisation. Der natürliche Mist ist die Wachstumsbasis der Kultur.

Verfolgt man die Fäden, die vom Misthaufen eines Bauernhofes in die Welt hinauslaufen, so scheint es, als ob das Landleben für die Poesie keinen Platz habe. Dem scheint nur so. Freilich müßte ein jeder, der der Kuh poetische Girlanden um den Schwanz winden will, zuvor gehalten werden, vier Wochen lang eine Kuh zu melken, zu putzen und ihren Stall sauber zu halten. Dann könnten wir einige gelungene Distichen über die so sehr vernachlässigte Poesie des Mistes erwarten. Aber das Dorf braucht auf den Poeten nicht zu warten. Seitdem die Bauern von Krodebeck ihren Homer gefunden haben, bedürfen wir keines anderen mehr. Es wird so leicht keiner wieder gefunden werden, der die Hierarchie des Dorfes von der Häuslerin bis zum Schloßherrn in ihrer gewachsenen Selbstverständlichkeit, voller Mist und voller Poesie, so trefflich wird schildern können, wie Wilhelm Raabe es getan.

Wohl steht die Henne auf dem Hof in der Mitte zwischen den Leunawerken und dem Statistischen Reichsamt. Der Hof selber liegt in der Mitte zwischen Schenke und Kirche. Eine Straße führt an ihm vorüber vom Irgendwoher in das Irgendwohin. Die Strolche und die Automobile ziehen sie entlang. Ein Körnchen Staub aus Rom bleibt liegen. Ein Körnchen Staub wandert nach Kopenhagen mit. Auf der Straße zieht die Zeit entlang, das alte Bettelweib. Unser Leben lang geben wir ihm, aber doch überlebt es uns alle. Das Dorf liegt an der Zeit, die vorüberzieht.

Die Kirche bewahrt das Himmlische. Die Schenke bewahrt das Irdische. In der Schenke wird beim Tarock geflucht. Die Krüge klappern dazu. In der Kirche wird beim

Klang der Orgel gebetet. Der Mensch ist weder ein Engel noch ein Teufel. Der Teufel möchte in der Kirche fluchen, und die Engel möchten vielleicht beim Tarock beten. Der Mensch, wenn er auch nicht so gut wie ein Engel ist, so ist er doch nicht so schlimm wie ein Teufel. Er ist eine Mischung von einem durch Kultur verdorbenen Engel und einem durch Zivilisation gezähmten Teufel, der sein Haupt zum Himmel erhebt, während er mit den Füßen im Misthaufen des Dorfes steht.

## DAS KAFFEEHAUS

Das wahre Kaffeehaus hat gußeiserne Säulen, ist mangelhaft beleuchtet und riecht nach Tabak, Petroleum und nassen Kleidern. Es ist so scheußlich, daß man mit Gewalt niemanden hineinbringen könnte. Freilich, freiwillig darin zu sitzen gehört zu den feinsten und höchsten Genüssen des männlichen Daseins.

Die Absicht, das Kaffeehaus gemütlich zu gestalten, geht von vornherein an der kosmischen Intention dieser Einrichtung vorbei. Gerade das Unwirtliche ist es, was diesen Aufenthalt so reizvoll macht. Der Mann wünscht immer wieder zu beweisen, daß er der Anarchie der Dinge gegenüber sein autochthones Ich zu bewahren vermag.

Es muß deshalb streng gefordert werden, daß die Goldverbrämung der gußeisernen Säulen schadhaft sei. Die Dogmatiker des Kaffeehauses, sofern sie wirklich orthodox sind, sind auch nicht bereit, auf das Büfett zu verzichten, diesen goldenen Aufbau der Überflüssigkeit, der nur noch in tibetanischen Tempeln seinesgleichen hat.

Zu den Riten des wahren Kaffeehauses gehört weiterhin,

daß man die Kellner beim Vornamen nennt, daß der Zeitungsknecht von selbst das richtige, noch nach dem Petroleum der Rotationsmaschine riechende Journal bringt und daß man immer dieselbe Bestellung macht durch mindestens ein Jahrzehnt hindurch.

Daß unbekannte Leute in einem solchen Kaffeehaus unwirsch behandelt und schlecht und unhöflich bedient werden, ist nach dem oben Gesagten nachgerade selbstverständlich. Daß das Vorkommen weiblicher Wesen in einem solchen Refektorium männlicher Weltverachtung als Sakrileg empfunden wird, leuchtet ohne weiteres ein.

Alle Kenner sind sich darüber einig, daß es dieses wahre Kaffeehaus nicht mehr gibt. Von allen Seiten haben Zivilisation und Gemütlichkeit das kalte Ideal der Junggesellen, dieser bedrängten Mönche des zwanzigsten Jahrhunderts, angeknabbert.

Nun, mit der Musik zum Beispiel konnte man sich aussöhnen. Es stellte sich heraus, daß sie einfach als Geräusch verwertet werden konnte und somit einen Skat nicht mehr zu stören brauchte als das Klappern der Löffel am Büfett. „Aus Verdis Zaubergarten" oder „Spaziergänge in Wagners Wunderreich", in der Bearbeitung von Waldteufel, können einen wahren Philosophen in der Kritik der reinen Vernunft nur befördern. Wenn ich mir die Carmenouvertüre auf dem Grammophon vorspiele, pflege ich mit einer Kaffeetasse dazu zu klappern, weil mir sonst in dem Torerokampf geradezu etwas fehlt. Nur bei den munteren Märschen mit Trompete wird man gewöhnlich aufgescheucht, weil es dann entweder fünf Minuten vor sieben ist und man noch Rasierklingen besorgen muß, oder fünf Minuten vor zwölf und man überlegen muß, wie man es seinem Ober sagt, daß man wieder nicht bezahlen möchte.

Auch die weiblichen Wesen hat man schließlich in Kauf genommen. Nur das „Kännchen Mokka" ist und bleibt ein Gegenstand erbitterten Hasses. Wo es nicht die Tasse Kaffee mit zwei, drei Gläsern Wasser nach Belieben, sondern nur Mokka in Kännchen gibt, da hört der Begriff des Kaffeehauses auf und der Begriff der Lasterhöhle fängt an.

Ganz offensichtlich entspricht das Kaffeehaus einem allgemeinen Bedürfnis der menschlichen Seele. Tatsächlich, man findet es in allen Ländern der Welt und in den Biographien aller großen Männer. Die Lenker der Staaten hätten die Pflicht, mit weit größerer Sorgfalt, als es bisher geschah, sich um die Kaffeehäuser zu bekümmern. Die Kaffeehäuser sind es, in denen der Geist der Zukunft sich bildet.

Bis zu ihrem achtzehnten Lebensjahr sitzt die Blüte der Nation auf der Schulbank. Von ihrem dreißigsten Jahr an sitzt sie in der Ehe. Dazwischen aber sitzt sie im Kaffeehaus. Der Knabe gehört der Mutter. Der Mann gehört der Gattin. Der Jüngling in den besten Jahren seines Lebens gehört nur sich selber und der Büfettmamsell. Hier bildet sein Talent sich in der Stille und sein Charakter sich im Strom der Carmenouvertüre.

Vielleicht meinen die Frauen, daß darum das Kaffeehaus etwas ihnen Feindliches sei. Das wäre ein Irrtum. Hier erst bildet der Mann alle die Fehler und Untugenden aus, welche ihm abzugewöhnen für die Frauen nachher eine so reizvolle Aufgabe ist. Hier lernt er, sein Geld für gesundheitsschädliche Dinge auszugeben. Hier lernt er, die halbe Nacht bei Gesprächen zu sitzen, mit deren Ergebnissen man noch viel kompliziertere Dinge als unsere Welt in Ordnung bringen könnte. Hier lernt er, eine Meinung zu haben und sie hartnäckig zu verteidigen.

Ohne Kaffeehaus würde der Mann als ein fehlerfreies Wesen in die Ehe treten. Natürlich wäre er dann nicht nur von einer unbeschreiblichen Langweiligkeit, nein, auch die Frauen wären ihrer eigentlichen Aufgabe, Männer zu erziehen, beraubt.

Doch sind es nicht nur Fehler und Untugenden, welche der Mann im Kaffeehause lernt. Er lernt das Leben selber kennen. Das Leben kennenzulernen, gibt es zwei Methoden. Man läuft ihm überallhin nach. Das tun die Forscher. Man bleibt an einem Punkte sitzen und wartet, bis es vorbeigekommen ist. Das tun die Philosophen.

Man kann, zum Exempel, annehmen, daß jeder Pariser einmal im Jahr am Café de la Paix vorbeikommt. Wenn man ein Jahr dagesessen und beobachtet hat, dann hat man alle Pariser kennengelernt. Ohne Zweifel ist die Methode des Philosophen der Methode des Forschers überlegen.

Das Kaffeehaus ist der Sitzplatz, an dem der Film des menschlichen Gesichtes vorüberzieht. Passanten sehen dich an. Jeder Passant trägt ein Irgendwoher auf seinem Rücken. Seine Augen blicken in ein Irgendwohin. Jeder Passant ist ein Schicksal. In sein Gesicht stehen eingegraben die geheimen Zeichen, die der Weise zu deuten vermag. Da sind die Langsamen und die Eiligen, die Ehrgeizigen und die Bescheidenen, die Klugen und die Dummköpfe, die Gescheiten und die Toren, die Verliebten, die Traurigen, die Alten und die Gleichgültigen.

Keiner geht vorüber, der nicht auch im Gesicht des Betrachters eine minime Spur hinterläßt, die, in Jahren und Jahrzehnten addiert, den Ausdruck der Menschenkenntnis gibt.

Das Leben der großen Städte strömt durch die Straßen.

Die Kaffeehäuser sind an ihren Rand gebaut für Angler, die ihre Haken auswerfen, Menschen zu fischen. Überall sind sie ein wenig anders, diese Angelplätze des Lebens, ein wenig dunkler oder ein wenig heller, ein wenig goldener oder ein wenig schmutziger, aber überall sind sie die Stätten, in denen der Mensch sich für den Menschen interessiert, in einer kühlen und distanzierten Form, die nicht mehr mitfühlen, sondern nur noch mitwissen will.

Die Kaffeehäuser sind die Tempel der menschlichen Neugier.

Es gibt Astronomen, die den Himmel absuchen, um noch irgendwo einen neuen Weltkörper zu entdecken. Was ist ein Stern am Himmel, verglichen mit dem Auge eines Menschen, aus dem die Erwartung oder die Hoffnung leuchtet! Es gibt Geographen, die um den ganzen alten Erdball fahren, um noch irgendwo eine neue Geländefalte zu entdecken. Was sind die Runen des Himalaja im Gesicht Asiens, verglichen mit den Runen im Antlitz eines alten Bettlers, der das Leid der Erde hinter sich hat!

Vom menschlichen Gesicht sagt Lichtenberg, daß es der wohl interessanteste Teil unserer Erdoberfläche sei. Wahrhaftig, sein Studium ist mit einem Leben im Kaffeehaus nicht zu hoch bezahlt. Freilich, der Würde dieser Wissenschaft werden rote Plüschsessel nicht gerecht. Das Leben ist zu aufregend, als daß man gemütlich darin herumsitzen dürfte.

Auf das Kaffeehaus können Männer nicht verzichten. Nur ungemütlich muß es sein!

Das aufregendste Zeitalter in der Geschichte der Menschheit ist in vollkommenes Dunkel gehüllt. Wir wissen nicht, woher wir kommen. Wir wissen nicht, wann und wie die menschliche Kultur entstanden ist. Selbst die frühesten Funde menschlichen Lebens auf der Erde zeigen den Menschen im Besitz dessen, was wir Technik nennen, und dessen, was wir Kunst nennen. Die Zoologie betrachtet den Menschen als ein Säugetier. Ihr macht der Herr im Frack, der am Steuer seines Wagens sitzt, kein Kopfzerbrechen. Der Herr ist *Homo*, und Frack und Achtzylinder faßt die Zoologie unter dem Beiwort *sapiens* zusammen.

Freilich, selbst in den allerurweltlichsten Urzeiten, selbst an jenem Punkt, da der Mensch noch nicht im Besitz der Technik und noch nicht im Besitz der Kunst war – und diesen Punkt muß es ja einmal gegeben haben – selbst an diesem Punkt war er schon *sapiens*.

Wenn man genauer hinsieht, muß man feststellen, daß es kein Lebewesen gibt, das für den Daseinskampf der Urwelt so ungünstig ausgestattet war wie der Mensch. Er ist, das können wir an seinem Gebiß und an seinem Verdauungskanal feststellen, von vornherein als Omnivore, als Allesfresser, gebaut. Aber die Vegetabilien kann er unzubereitet nicht verarbeiten, und der Hackepeter, den er sich natürlich schon damals aus dem Filet einer Auerkuh hätte bereiten können, war ihm unzugänglich, weil die Auerkuh viel leichter in der Lage war, ihn umzubringen als er sie. Selbst wenn er sich mit einem Kaninchen hätte begnügen wollen, das Kaninchen wieder war viel schneller als er.

Es ist zwar sicher angenehm, daß wir heute nicht mehr mit den Krallen eines Löwen umherlaufen. Unsere Klavierliteratur hätte es dann wohl kaum bis zu Chopin gebracht, selbst wenn die Tasten mit Samt bezogen worden wären. Noch nicht einmal im Zirkus haben wir einen Löwen am Klavier zu sehen bekommen. Die Klavierlöwen, die Chopin spielen, haben keine Krallen, sondern eine Mähne. Aber der Urmensch hat den Löwen nicht um seine Mähne, sondern um seine Krallen beneidet. Aber eben, er war sapiens. Als er das erstemal aus Zorn über das lächerliche Gehoppel eines Kaninchens einen Stein ergriff und nach dem Kaninchen warf, hatte er die Technik entdeckt. Natürlich traf er vorbei.

Welches Glück für uns, daß wir für den Daseinskampf mit keinen anderen Waffen ausgestattet waren als mit unserer Schwäche und unserer Sapientia. Wären wir nämlich besser ausgestattet gewesen, wir säßen heute noch in Höhlen und fingen Kaninchen mit der Hand. Nachdem unser Zorn die Sache mit dem Stein entdeckt hatte, war der Weg über den Speer bis zur Winchesterbüchse sozusagen vorgezeichnet. Wir haben ihn brav und vorschriftsmäßig zurückgelegt.

Der Mann, der den ersten Stein warf, war noch kein Jäger. Das war erst ein Wilderer. Der erste Jäger war merkwürdigerweise derjenige Urmensch, der zum erstenmal den Stein nicht warf. Das Kaninchen war ein bißchen weit. Der Mann empfand so etwas wie den Wunsch, beim ersten Male zu treffen. Er sprang dem Kaninchen nach hinter den Busch. Da sah er das brave Tier, wie es mit den Ohren wackelte, umgeben von sieben Jungkaninchen, die nach Futter maunzten. Der Mann hob den Stein, aber er ließ ihn wieder sinken. Er rupfte einige frische Schachtelhalme und warf sie den Jungkarnickeln hin. Das Altkarnickel wackelte dankbar mit den Ohren.

Man sieht, daß es Wildhege gegeben hat, ehe das erste Tier von einem Jäger geschossen worden ist. Das mag denen zur Belehrung dienen, die die Jagd für ein grausames Vergnügen halten. Noch heute gibt es unter Jägern kaum eine verächtlichere Bemerkung, als wenn sie von einem sagen, er könne den Finger nicht gerade halten.

Als der Urmensch ohne Karnickel in seine Höhle zurückkehrte, saßen da freilich sieben Urkinder und maunzten nach Speise. Sein Weib machte ihm einen Krach. Es war ein Urkrach erster Klasse. Der Jäger, der erste Jäger der Menschheit, hat für sein waidgerechtes Verhalten nur wenig Dank geerntet. Leise vergrämt verließ er die Höhle wieder. Draußen traf er einen Miturmenschen, welcher gleichfalls mit seinem Weibe Unterschiede gehabt hatte. Sie gingen selbander wieder in den Wald, setzten sich unter einen Felsenvorsprung und kümmelten einen Urkorn.

Die erste Kneipe der Menschheit war eröffnet.

Um sich seelisch aneinander aufzurichten, erzählten sie sich die Ursachen ihres Grams. Der Miturmensch stellte sich sogleich auf seiten des Karnickels und wurde somit der zweite Jäger der Menschheit. So dunkel die Vorzeit immer sein mag, wir wissen jetzt, daß in der ersten Kneipe der Menschheit zwei Jäger gesessen haben. Das wollen wir den Jägern nie vergessen.

Dann begannen, um ihrer seelischen Aufrichtung weitere Stützen zu verleihen, die beiden Urkornbrüder einander tolle Geschichten zu erzählen von Auerochsen, Bären, Wölfen und Wildebern. Dieses war das erste Jägerlatein. Immer noch, wie nicht vergessen werden darf, ist kein einziges Tier auf der Jagd erlegt worden. Es ist von ungeheurer Tragweite gewesen, daß an den Geschichten dieser beiden Jäger nicht ein wahres Wort war. Im Zorn wurde die

Technik entdeckt, im Mitgefühl die Jagd und im Gram die Poesie.

Die Geschichten dieser beiden Urkornbrüder sind uns nicht erhalten. Ohne Zweifel müssen sie noch über Homer gestellt werden. Als Homer begann, gab es die Poesie schon. Als diese beiden unter ihrem Felsvorsprung zu lügen begannen, erfanden sie die Poesie. Dies diene denen zur Belehrung, die glauben, sich darüber aufhalten zu müssen, daß in den Geschichten der Jäger die Wahrheit keine ausschlaggebende Rolle spielt.

Durch Jahrtausende hindurch hat seitdem die Poesie den Menschen in seinem Gram getröstet. Nichts beweist die Großmut des männlichen Geschlechtes mehr, als daß es das weibliche Geschlecht an den Tröstungen der Poesie teilhaben läßt, obgleich das weibliche Geschlecht an der Erfindung der Poesie keinen Anteil hat. Immerhin müssen wir zugeben, daß, wenn wir hinsichtlich der Erfindung der Poesie den Weibern nichts, den Jägern alles zu verdanken haben, wir dem Urweib für seinen Krach danken müssen. Dieser Krach war es, der die Veranlassung zur Erfindung der Kneipe wurde.

Es ist zu bedauern, daß der Stein, den der erste Jäger der Menschheit angesichts der Karnickelmutter sinken ließ, in keiner Jagdausstellung mehr gezeigt werden kann. Aber die Verdienste der Jäger um die Entwicklung der menschlichen Kultur mußten endlich einmal ins rechte Licht gerückt werden. Daß der Mensch im ganzen das Beiwort der Weisheit immer verdient habe, das zu sagen wäre übertrieben! Aber den Jäger, der die Kneipe und die Poesie erfunden hat, ehe er auch nur einen einzigen Schuß abgegeben hatte, den dürfen wir wohl einen *Homo sapiens* nennen.

Jedermann wird damit einverstanden sein, daß einmal eindringlich darauf hingewiesen wird, um wieviel schneller und bequemer unsere Autobusse im Lauf der Jahre geworden sind. Leider, was wir für die Sitzfläche dazugewonnen haben, das haben wir für die Seele verloren. Um ebensoviel wie die Autobusse bequemer geworden sind, um ebensoviel geschlossener sind sie geworden. Wer erinnert sich nicht noch mit Sehnsucht jener Biedermeierkarossen, auf deren offenem Deck man abenteuerliche Reisen durch das Märchenland der großen Stadt machen konnte. Wer träumt nicht zuweilen von jenen mutigen Mädchen, die ihre sowohl duftigen als auch duften Fähnchen im Fahrtwind flattern ließen als Signale eines Frühlings, der immer und immer noch auf sich warten ließ.

Die Biedermeierkarossen verschwanden. Einem Gerücht zufolge sollen sie an eine kleine Stadt verkauft worden sein und allda noch wacker ihren Dienst tun. Vielleicht hat man Glück und begegnet eines Tages einem dieser freundlichen Elefanten, um mit ihm vom Neuen Tor zum Markt zu fahren und vom frühen zwanzigsten Jahrhundert zu träumen. Uns bleiben nur die hinteren Plattformen, sofern sie offen geblieben sind. Man kann, auf ihr Geländer gelehnt, eine Reise durch den Tiergarten machen, die an Naturschönheiten ihresgleichen sucht. Ob der Neuner oder der Neunzehner zu diesem Behuf oder zu diesem Bereif vorzuziehen sei, darüber sind die Kenner sich nicht einig. Einig sind sie sich über die Wichtigkeit des unmittelbaren Kontaktes mit der Natur durch eine Glasscheibe, die nicht vorhanden ist.

Steigen zwei einander fremde Menschen in den rollenden Glaskasten, so werden sie einander fremd bleiben, so lang auch das Stück ihres Lebensweges, das sie miteinander zurücklegen, sein möge. Sind sie aber durch die einige Millionen Kilometer entfernte Sonne miteinander verbunden, so haben sie die Möglichkeit, sich kennenzulernen. Die Brücke, die die fremdesten Menschen miteinander zu verbinden vermag, ist ein Gespräch über das Wetter.

Gib mir einen Stern, der uns beide bescheint, und ich will, o Mitmensch, eine Brücke von mir zu diesem Stern und von diesem Stern zu dir schlagen. Die konstruktiven Talente der menschlichen Seele sind denen unserer Ingenieure erheblich überlegen.

Daß Gespräche über das Wetter banal seien, hat man schon mehr als einmal gehört. Es ist eine banale Bemerkung. Der Abbé Leseigne hielt das Wetter für das feinste und schwierigste aller Gesprächsthemen. Darin war er mit Alexander von Humboldt einer Meinung.

Ich sehe ein, daß es nunmehr Zeit wird, einige technische Anweisungen zum seelischen Brückenbau zu geben. Vor allen Dingen muß man sich den Feind, den man zu seinem Freunde machen will, genau besehen. Solche von einer gewissen munteren Leibesfülle sind bessere Brückenpfeiler als die Hageren. Bietet ja auch der Dicke der Sonne eine weit größere Wirkungsfläche für ihre wohltuenden Strahlen als der Dünne. Ferner ist es wichtig, das erste Seil über den Abgrund der Fremdheit nur so ganz leichthin zu werfen, in einem Schnörkel, oder, um die Sache ganz präzis auszudrücken, auf eine Weise, die man in Sachsen „leschär" nennt.

Also zum Beispiel ist es nicht unangemessen zu sagen: „Na, da schiene sie mal wieder!"

Diesen unbeschreiblichen Satz wollen wir beschreiben. Es bedarf kaum der Erwähnung, daß es sich um ein Plagiat handelt. Meine schriftstellerischen Talente hätten niemals ausgereicht, eine so vollkommene sprachliche Schöpfung zustande zu bringen. Das Copyright dieses Satzes steht dem Autobusschaffner zu, dessen Neunzehner um elf Uhr einundvierzig die Corneliusbrücke passiert.

Dieser Konjunktiv „schiene" ist ein Musterbeispiel von Unverbindlichkeit und insofern ein Musterbeispiel von Verbindlichkeit. Die Feinheit dieses Satzes liegt darin, daß die Sonne nicht genannt wird. Damit wird die Gemeinsamkeit, die doch erst geschaffen werden soll, vorausgesetzt. Das „sie" setzt eine Vergangenheit voraus, in der die Sonne schon vorgekommen ist. Diese Vergangenheit ist das Paradies.

Daß es möglich sein soll, vermittels eines ungenannten Gegenstandes und eines Konjunktivs zwei Menschen vom Hinterperron eines Autobusses geradeswegs ins Paradies zu befördern, würde kaum glaubhaft erscheinen, wenn es nicht soeben bewiesen worden wäre.

Der wahre Wert unseres Satzes kommt aber erst zutage, wenn man die Antwort betrachtet, die er erheischt, obgleich er nicht einmal eine Frage ist. Es gibt da, wie bei der spanischen Eröffnung, nur eine beste Antwort. Sie lautet: „Ja, da scheint sie mal wieder."

Mit diesem Indikativ kehrt der so stracks ins Paradies Beförderte wieder auf die Autobusplattform zurück. Natürlich sind nun diese beiden, die in einer kurzen Wechselrede eine so weite Reise zurücklegten, Freunde fürs Leben, auch wenn sie sich vor einer Minute noch nicht kannten und sich nach zehn Minuten niemals wiedersehen werden. Wie die spanische Eröffnung fortzusetzen sei, ist nicht so ohne weiteres zu sagen. Es gibt da mehrere Schulen. Da die Sonne heuer ungewöhnlich früh und ungewöhnlich warm scheint, ist die Frage, ob vielleicht das Klima sich ändere, durchaus nicht fehl am Platze. An der Bendlerstraße hört man schon den Golfstrom rauschen, der wärmer geworden sein soll, und wenn man sich den Linden nähert, fährt man unter der Sonne Neapels dahin.

Die Sonne scheint über Gerechte und Ungerechte. Wir können wenig dazu und nichts davon tun. Wenn wir unsere menschliche Aufgabe nicht vollständig mißverstehen wollen, ist es unsere Pflicht, ausführlich die Sache von allen Seiten zu bereden. Je alltäglicher wir dabei sein werden, um so tiefer werden wir in jene Schichten vorstoßen, in denen die einfachen und selbstverständlichen Dinge sich abspielen. Die Sonne ist alltäglich, aber dieses eben von aller Ewigkeit bis in alle Ewigkeit.

## OBERFLÄCHLICHE BETRACHTUNG

Kaninchen sind sanfte Tiere. Die freundliche Hand des Schöpfers hat ihnen einen Ausdruck von Unschuld verliehen, der uns entzückt. Unsere Ansicht über die Unschuld der Kaninchen ist zwar sicher Unsinn. Ein Krokodil am Blauen Nil frißt einen Neger mit der gleichen Unschuld wie das Kaninchen sein Kohlblatt. Aber dieser Unsinn hat, wie fast jeder Unsinn auf der Welt, eine tiefere Bedeutung, und zwar eine moralische. Das menschliche Bedürfnis nach moralischer Ordnung ist so groß, daß wir sogar die Tiere in diese Ordnung einbeziehen. Als Beweis für diese Behauptung kann man einen Satz anführen, der für die Menschen so feststeht wie der Satz vom ausgeschlossenen Dritten. Es ist der Satz: „Der Löwe ist gelb und großmütig."

Jedermann ist bereit, diesen Satz zu akzeptieren. Es wäre ja auch wahrhaftig ein ganz verdrehter Einfall, den Beweis dafür zu verlangen, daß der Löwe gelb sei. Aber tatsächlich kommt auch niemand auf die Idee, einen Beweis dafür zu verlangen, daß er großmütig sei. Der Löwe eben ist gelb und großmütig.

Die alten Maler haben das viel besser gewußt als die Naturalisten einer ungläubigen Zeit. Wenn sie den heiligen Hieronymus malten, so malten sie ihn nie ohne seinen vierbeinigen Begleiter. Die meisten von diesen Malern hatten niemals einen Löwen gesehen. Vom zoologischen Standpunkt aus können die vierbeinigen Begleiter des heiligen Hieronymus auf den alten Bildtafeln ebensowohl für ein kleines Kalb wie für einen großen Hund gehen. Aber eben nur vom zoologischen Standpunkt aus. Vom moralischen Standpunkt aus waren diese Tiere immer so ausgesprochen gelb und so überwältigend großmütig, daß es für einen gläubigen Betrachter niemals einen Augenblick des Zweifels geben konnte, daß ein Löwe gemeint sei.

Die moralischen Eigenschaften der Tiere sind beständig. Es ist merkwürdig genug, daß sie in allen Kulturen dieselben sind. Für die Beständigkeit der moralischen Eigenschaften des menschlichen Geschlechts dürfen wir daraus einige Hoffnung schöpfen. Auch die genialste Imagination wäre nicht imstande, sich die Tiere im Reineke Fuchs anders einzubilden, als der Dichter es getan hat. Der Adler ist immer ein edler Vogel und der Geier immer ein gemeines Tier. Welche Delikatesse entwickelt die Sprache allein schon in den Namen der Tiere.

Auch durch den Vers eines Gedichtes schwebt der Adler mit erhabenem Flügelschlage, während der Geier seinen scheußlich nackten Hals nur aus einem Hiatus hervorzustrecken vermag. Das Wort Löwe kann man überhaupt nur aussprechen in einer Art von majestätischem Gähnen.

Wenn man einem Taubstummen einen Begriff von dem Vokal u geben wollte, man zeigte ihm am besten ein Gnu. Wie wunderbar drückt sich die Mischung von Zartheit und Trampeltier im Charakter unseres größten Dickhäuters in seinem Namen Elefant aus.

Notwendigerweise gerät man in Besorgnis, wenn diese sichere Hierarchie der Werte ins Wanken gerät. Daß es gerade das Kaninchen ist, das in aller moralischen Unschuld an den Fundamenten dieser Hierarchie nagt, setzt einen noch besonders in Erstaunen. In einer unserer angesehensten Gazetten stand der Satz: „Auf einem Kaninchen wachsen zwei Pullover." Dies, ohne Zweifel, muß als eine unmoralische Tatsache empfunden werden. Daß die Kaninchen Haare lassen müssen, ist nicht so schlimm. Das müssen die Lämmer sowohl als mancher von uns auch. Daß sie nur noch als eine Art von Oberfläche betrachtet werden, auf denen die Rohstoffe wachsen, die zur Erfüllung der leichtsinnigen Träume unserer jungen Mädchen benötigt werden, das heißt, den Kaninchen bitteres Unrecht tun. Damit beraubt man sie nicht nur ihrer Unschuld, sondern ihres immanenten Charakters als Geschöpfe. Es wäre so, als ob die Kaninchen unsere jungen Mädchen nur noch als eine Art von Oberfläche betrachteten, die dazu da ist, mit Kaninchenhaaren bedeckt zu werden. Auch wenn wir durchaus absehen von den Einwänden der kosmetischen Industrie, die diese Oberflächen zur Aufnahme ihrer Jahresproduktion beansprucht, wird jedermann zugeben, daß man den jungen Mädchen so nicht gerecht werden kann. Man mag die Oberfläche junger Mädchen betrachten, wie man will, auch für sie, als Geschöpfe des Himmels, ist das Äußere nur das Gefäß ihrer Seele.

Wenn man auf den Kaninchen statt Haaren Pullover wachsen läßt, so bedroht man nicht nur die Unschuld der Kaninchen, sondern auch die Unschuld der jungen Mädchen.

Was unserer Textilindustrie zu fehlen scheint, ist, wie man sieht, durchaus nicht der Absatzmarkt, sondern das Studium der Poesie und die Kenntnis der alten Fabeln.

Christian Fürchtegott Gellert, in Pullover gebunden, das wäre ein schönes Geschenk der Textilindustrie für die jungen Mädchen. Selbst wenn sie keinen Bücherschrank haben, so können sie das Werk in diesem Einband immer ruhig in den Kleiderschrank stellen. Dann haben sie jederzeit ein schönes Beispiel vor Augen, wie ein Pullover nicht nur einen oberflächlichen Inhalt, sondern einen tiefen Gehalt umhüllt.

Freilich, wenn ich ein Pullover wäre, würde ich die Oberfläche eines jungen Mädchens der Tiefe eines Fabeldichters vorziehen. So bleibt uns nur noch, nachdenklich das Schicksal des Kohlblattes zu betrachten. Wenn das Kohlblatt im Stall in der Ecke liegt, so kann ihm tatsächlich nichts Besseres zustoßen, als von einem Angorakaninchen gefressen zu werden. Wenn die Ziege es frißt, so wird es als Käse in einem Vorstadtladen wieder zu sich kommen. Wenn das Kaninchen es frißt, so wird es zu Angorawolle und kann an einem heiteren Nachmittag beim Fünfuhrtee als blauer Fleck auf einem Pullover in der Sonne leuchten. Der junge Mann, der das bewundert, weiß nichts davon, was für ein Kohl ihm da Eindruck macht und daß es beinahe Ziegenkäse geworden wäre. Wie glücklich dürfen wir uns schätzen, so wenig von den Zusammenhängen auf dieser Welt zu wissen. Es gibt keine harmonischere Ehe als die zwischen Illusion und Ignoranz.

Keine einzige Entdeckung hat die Welt des Mittelalters so sehr erschüttert wie die Entdeckung der Tatsache, daß die Erde eine Kugel sei. Die Kardinäle, die den Galilei verbrennen wollten, hatten entschieden ein richtiges Gefühl dafür, wie gefährlich die Wissenschaft dieses Mannes wäre. Sie haben ihn nicht verbrannt. Dafür ist die Welt des Mittelalters in Flammen aufgegangen.

Karl V. hat sich im Gedächtnis der Menschen nicht so sehr durch die Erinnerung an seine großen Herrschertugenden gehalten als durch den Ausspruch, daß in seinem Reiche die Sonne nicht untergehe.

Unterdessen haben die Astronomen Millionen von neuen Sternen entdeckt, unter denen sich möglicherweise einige Dutzend bewohnte Welten befinden. Die Wirkung dieser Entdeckungen auf die menschliche Seele ist sehr merkwürdig.

Auch früher war die Welt ein Jammertal. Immerhin lag sie vor den Toren des Paradieses. Das Wichtigste, was es auf ihr gab, war die unsterbliche menschliche Seele. Damals hätten die Leute wohl Grund zu einigem Stolz gehabt. Die Sonne stand am Mittag zu ihren Häupten, und der Mensch war der Mittelpunkt des Kosmos. Aber die Leute waren bescheiden, dankten Gott und dachten an den Himmel. Heute, wo wir zu wissen glauben, daß wir lächerliche Mikroben in einer unfaßbaren Unendlichkeit sind, heute haben wir den Himmel vergessen und sind hochmütig geworden. Wir haben allen Respekt vor den irdischen Gegebenheiten verloren und hantieren mit der Welt, als ob sie ein Spielzeug zu unserem Vergnügen wäre.

Ein italienischer Flieger hat mit seinem Flugzeug eine Geschwindigkeit von siebenhundertzehn Stundenkilometern erreicht. Wir sind also nicht mehr weit von den tausend Stundenkilometern entfernt. Das ist etwa die Geschwindigkeit des Schalls.

Mit tausend Stundenkilometern kann man so schnell fliegen, wie die Erde sich um sich selber dreht. Der Tausendkilometerflieger wird von sich sagen können, daß in seinem Flugzeug die Sonne nicht untergeht. Ach, und wie stolz werden wir dann alle sein! Dabei hätten wir höchstens Grund, ganz bescheiden zu sein. Welch ein Unterschied zu Karl V.! Um seinen Thron lagen nach Osten und nach Westen seine Reiche. Der Flieger hat nichts als seinen Sitz, auf dem er auch noch festgeschnallt ist. Das Weltreich des großen Habsburgers ist auf den Umfang einer Lederhosenhinterfläche zusammenschrumpft, und darauf bilden wir uns etwas ein.

Wie steht es um die unsterbliche Seele des neuen Sonnenmenschen? Nicht einmal seinen eigenen Namen kann er hören. Wenn er sich selbst einen ermunternden Zuruf gönnen will, es ist vergebens. Er ruft sich „Peter!" zu, aber das Wort wird ihm vom Munde gerissen, und so saust er durch das All, verfolgt vom Schall seines eigenen Namens, der ihn nicht einholen kann, ein atonaler Schlemihl, ein würdiges Exempel unserer Zivilisation und ein herrlicher Beweis für das, was eine unsterbliche Seele alles zu vollbringen vermag.

So bleibt uns nur der eine kleine Trost, daß jeder Benzintank einmal leer wird. Der Sonnenmensch kehrt in Treuenbrietzen zur Erde zurück. Mitten in der Nacht steht er auf einem Kartoffelfeld. Der Motor schweigt. Die Hasen blicken stumm. Der Sonnenmensch wirft einen Blick zum milden

Mond hinauf. Auf einmal kommt wie ein Vogel aus dem Samt der Ferne ein atemloser Schall geflogen, und mitten aus der schweigenden Nacht heraus ertönt es „Peter!"

Es ist die unsterbliche Seele, die sich selber ruft. Ihre Stimme wird ungehört verhallen.

## AURORAS KLEINER FINGER

Es ist schön, bei offenem Fenster zu schlafen. Aber es ist nicht ganz leicht. Wenn einem so gegen ein Uhr die Zeitläufte allmählich aus dem Bewußtsein entschwinden und man in das Meer der Träume hinabsinkt, rüstet sich die Sonne schon zum Aufgang. So gegen drei Uhr beginnen die Vögel ihr Konzert. Es ist ohne Zweifel angenehmer, um drei Uhr durch ein Konzert als um sechs Uhr durch den Kundendienst geweckt zu werden. Auf der anderen Seite ist es betrüblich, wenn der aufgeregte Lärm der Sperlinge einen aus einem Traum aufstört, in dem man vielleicht gerade einen hohen Vorgesetzten als Schornsteinfeger auf dem Dach herumklettern sah.

Warum die Vögel schon in aller Frühe einen solchen Lärm machen, wissen wir nicht. Vielleicht empfinden sie es als ihre Pflicht. Vielleicht haben sie Hunger. Vielleicht haben die Poeten recht, welche meinen, daß sie es zum Preise der Schöpfung täten. Tatsächlich nennen wir ja die früheste Frühe die Herrgottsfrühe.

Aber der Mensch ist kein Engel. Daß er gleichwohl ein Geschöpf Gottes ist, davon macht er nur selten Gebrauch. So kann er denn nicht in aller Herrgottsfrühe aufstehen, wenn er erst in aller Teufelsspäte schlafen gegangen ist.

So dürfen wir uns glücklich schätzen, daß das menschliche Ingenium, so sehr auch seine Wege von den Intentionen der Schöpfung abweichen mögen, doch wenigstens seine irdische Verlorenheit komfortabel zu gestalten weiß. Die Nacht, welche von der Teufelsspäte bis zur Herrgottsfrühe reicht, ist kurz. Wir können sie künftig ruhig bei offenem Fenster verschlafen. Der heitere Lärm der Kreatur wird unsere Schornsteinfegerträume nicht mehr stören. Auf dem Fensterbrett gen Osten steht die Photozelle.

Sobald der erste Strahl der Morgenröte, sozusagen Auroras kleiner Finger, die Photozelle berührt, wird ein Kontakt ausgelöst, und vermittels eines sinnreichen Mechanismus schließen sich die Fenster elektrisch. Der Mensch und die Schöpfung werden auf diese Weise schalldicht voneinander getrennt. Der Morgenschlaf kann beliebig lange fortgesetzt werden. Vielleicht ist es sogar dem Himmel wohlgefällig, wenn wir wach und tätig nur in aller Teufelsspäte sind, in der Herrgottsfrühe aber uns im unschuldigen Zustand des Schlafens befinden. Selten ist es dem Menschen gegeben, auf eine so unschuldige Weise tätig zu sein wie die Vögel, wenn sie zwitschern.

## L'ART POUR L'ART

Die Kunst des Feuilletons besteht nicht darin, über ein Thema zu schreiben, sondern über kein Thema zu schreiben. Statt des Themas gibt es einen Anlaß. Anlaß kann jeder Hosenknopf sein.

Wenn man den Knopf als Exempel nimmt, will man damit sagen, daß der Knopf etwas von Natur Unbedeutendes sei. Es kommt also darauf an, dem Unbedeutenden Bedeutung zu geben. Damit nun niemand sage, wir drückten uns vor unseren eigenen Maximen, wollen wir bei diesem Anlaß bleiben. Schreiben wir über den Knopf.

Sowie wir sein bescheidenes Rund ins Auge fassen, entdecken wir, welch bedeutsame Rolle dieser unbeachtete Gegenstand in unserem Leben spielt. Jeden Morgen durchschneidet prächtig und großartig die Scheibe der Sonne den Horizont. Mit genau derselben Regelmäßigkeit, mit welcher allmorgendlich die erhabene Scheibe der Sonne den Horizont durchschneidet, mit genau derselben Regelmäßigkeit durchschneidet allmorgendlich die bescheidene Scheibe des Hosenknopfs das Knopfloch. Zwischen der Sonne und dem Himmel besteht das gleiche Verhältnis der Angemessenheit wie zwischen dem Knopf und seinem Loch. Ja, wenn die Sonne, von Wolken verhangen, nicht in unseren Morgen tritt, so ändert das wenig an unseres Tages Lauf. Wenn aber der Hosenknopf sein Knopfloch verfehlt, ist unsere menschliche Würde in Gefahr. Wie blind waren wir bisher, einen Gegenstand gering zu achten, von dessen Wohlverhalten die Würde unserer Person abhängig ist.

Es wäre eine dankbare Aufgabe, nunmehr eine Untersuchung über die Würde anzuschließen, diese sonderbare Eigenschaft, die auf eine so metaphysische Weise mit den Hosenknöpfen in Zusammenhang steht. Niemand könnte uns daraus einen Vorwurf machen. Da wir kein Thema haben, dürfen wir beliebig schweifen. Halten wir uns an den Knopf.

Je fester wir uns an den Knopf halten, um so leichter wird er abreißen. Schon haben wir ihn in der Hand. Ein abgerissener Knopf ist geeignet, einen nachdenklichen Menschen melancholisch zu stimmen. Es gibt viele Symbole für die Vergänglichkeit des Irdischen. Wir lieben es, für die Darstellung dieses Sachverhalts erhabene Gegenstände in

Anspruch zu nehmen. Das ist wohl auch der richtige Weg, wenn es darauf ankommt, durch sentimentalische Effekte das Gemüt in Schwingungen zu versetzen. Wenn es einem aber darauf ankommt, den Verstand zur Einsicht zu bringen, ist ein abgerissener Knopf ein brauchbareres Instrument als die schönste Reproduktion der Toteninsel.

Man könnte sich sehr wohl einen Philosophen vorstellen, der, wie andere sich Gemütswerte gerahmt an die Wand hängen, sich die Tapete mit Einsichten schmückte. Ein abgerissener Knopf im Goldrahmen über dem Schreibtisch wäre mehr als nur der Einfall eines Surrealisten. Es wäre ein Zeichen von Weisheit. Leichtlich ließe sich nunmehr abschweifen in eine Untersuchung über die verschiedenen Delektationen des menschlichen Geistes. Schon wären wir beim Wesen der Kunst und beim Unterschied von Kunst und Philosophie angelangt, aber wir wollen ja über den Knopf schreiben.

Es gibt Knöpfe, die an Stellen abreißen, wo man das nicht sieht. Sie sind wie heimliche Fehltritte, von denen niemand nichts weiß. Sie erzeugen ein Gefühl von schlechtem Gewissen. Da der Mensch über ein außerordentlich entwickeltes Talent verfügt, mit seinem Gewissen in erträglicher Symbiose zu leben, bleiben solche Knöpfe jahrelang abgerissen.

Ein Hosenträger, bekanntlich, setzt sechs Knöpfe voraus, denn er hat sechs Benzel. Beim alten klassischen Hosenträger ist das nicht so wichtig. Zur Not tut er seine Pflicht auch mit drei Knöpfen, denn beim klassischen Hosenträger sind die Benzel fest. Nun gibt es aber so eine verteufelte neuere Art von Hosenträgern, bei denen die Schlaufen locker sind und eigentlich dreimal zwei nicht abgerissene Knöpfe voraussetzen. Daß diese Hosenträger sich überhaupt eingeführt haben, müßte man als ein Zeichen des Verfalls des männlichen Geschlechts betrachten, wenn die Männer nicht einen Ausweg gefunden hätten, der beweist, daß ihre altüberlieferte Nichtsnutzigkeit noch ungebrochen ist. Es wird nämlich einfach die Schlaufe mit ihren beiden Benzeln auf einen Knopf geknöpft. Ist schon ein abgerissener Knopf eine Art von Symbol des schlechten Gewissens, so sind die beiden Benzel auf dem einen Knopf ein Symbol der menschlichen Moral. Solange niemand es sieht, scheut sich der Mensch nicht, zwei Benzel auf einen Knopf, zwei Handlungen an ein Motiv zu knüpfen, mit unzureichenden Voraussetzungen sich den Anschein von Ehrbarkeit und Solidität zu geben, kurz, den Schein über das Sein, die Lüge über die Wahrheit zu setzen. Das weite Feld der Moral liegt vor uns. Wie nahe läge es, den Spiegel zu putzen und ihn der Menschheit vorzuhalten. Aber wir wollen über den Knopf schreiben.

Nunmehr nämlich kommen die abgerissenen Knöpfe, die man sieht. Wenn man auf der Straße steht und mit einem Freund noch schnell, ehe der Autobus kommt, ein Welträtsel lösen muß, hat man den unbezähmbaren Drang, den anderen am Knopf zu fassen und an dem Knopf zu drehen. Über dieses Phänomen ist schon viel nachgedacht worden. Es gibt eine Anzahl höchst geistvoller Theorien über diesen Drehdrang. Uns ist die Sache weder erstaunlich noch rätselhaft. Der Knopf hat, wie wir sahen, die unmittelbarsten und engsten Beziehungen zur Sonne, zur Würde des Menschen, zur Vergänglichkeit des Irdischen, zur Kunst, zur Philosophie und zur Moral. Warum sollte ein so bemerkenswerter Gegenstand nicht ebenso enge Beziehungen zur Logik haben?

Der logische Knopf, wenn oft genug an ihm gedreht ist,

reißt, logischerweise, nach einiger Zeit ab. Hier geraten wir ins Gebiet der Charakterkunde. Es gibt kaum eine bessere Gelegenheit, den Charakter seiner Freunde kennenzulernen, als wenn man ihnen von ihrem neuen Mantel einen Knopf abdreht. Die Möglichkeiten der freundschaftlichen Reaktion sind mannigfaltig. Es bedarf keines Schiffbruchs, um zu erfahren, auf welchen seiner Freunde man sich verlassen kann. Es ist klar, daß es nur diejenigen sind, welche, wenn der Knopf ab ist, zu lachen anfangen.

Der aufschlußreiche Zusammenhang zwischen Lachen und Zuverlässigkeit – aber um des Himmels willen, wo geraten wir hin! Die wirtschaftliche Bedeutung der Knopfindustrie, der angenähte Knopf, und zwar der angenähte Knopf schlechthin und das Annähen eines Knopfes als der Beginn einer glücklichen Liebe, die zu Ehe, Wohlstand, Kinder- und Enkelsegen führt – fürwahr, der Knopf ist rund und hat kein Ende. Er ist ein Welträtsel, ein Ding an sich, ein wahres Wunder des Lebens.

Ich bitte um Nachsicht, daß ich in der Vorrede steckengeblieben bin. Dies ist vielleicht der geringste Vorwurf, den man einem Literaten machen kann. Man befindet sich da in der besten Gesellschaft. Der Autor, ein Sisyphos des Hosenknopfs, verspricht, den Knopf noch weiter den Berg der Erkenntnis hinanzurollen. Wenn wir schließlich den Berg hinaufgekommen sind, dürfen wir hoffen, daß dort oben eine Fee uns empfangen und uns einen goldenen Knopf überreichen wird, den goldenen Knopf von Fortunas Mütze, der niemals mehr abreißt.

Der großartigste und unheimlichste Zauber der menschlichen Geschichte ist das Gold. Ein einziger goldener Apfel aus den Gärten der Hesperiden in der Hand eines trojanischen Königssohnes erzeugte stärkere Spannungen im östlichen Mittelmeer als selbst das Mossulöl und führte zu einem zehnjährigen Weltkrieg, der seinesgleichen nicht hat. Die blendende Reportage des damals einzigen auf den Kriegsschauplatz entsandten Sonderberichterstatters lesen verdrehte Leute noch heute mit Begeisterung. Sie war zwar nicht in die Schreibmaschine diktiert. Die damals übliche Form der Berichterstattung war der Hexameter. Diese Berichterstattung wurde zwar nicht nach anderthalb Stunden von der ganzen Welt drahtlos mitgehört. Aber die damaligen Sendemethoden waren so hoch entwickelt, daß die Nachrichten in Hexametern noch nach zweieinhalbtausend Jahren auf der ganzen Welt mit Achtung und Aufmerksamkeit gehört werden. Übrigens hat man niemals wieder etwas von dem goldenen Apfel vernommen, der das ganze Unheil angerichtet und dem Sonderberichterstatter einen so homerischen Ruhm eingebracht hat.

Möglich ist es, daß in dem goldenen Ring an Ihrem Finger etwas von dem Gold enthalten ist, aus dem der Apfel des Paris gemacht war. Gold geht nicht verloren. Man darf annehmen, daß irgendein griechischer Held in den rauchenden Trümmern des Tempels der Aphrodite den zu einem goldenen Klumpen geschmolzenen Apfel entdeckt und in seinen Beutesack gesteckt hat. Vom Winde verweht ist er bei Zypern mit seinem Schiff untergegangen. Fischer haben Jahrhunderte später den Goldklumpen mit einem Netz aus dem Meer gezogen und ihn ehrerbietig und abergläubisch dem Statthalter abgeliefert, welcher ihn nach Alexandria schickte.

Wissen wir, ob nicht der goldene Becher, in dem Kleopatra die in Wein gelöste Perle dem Antonius anbot, aus dem Gold des Hesperidenapfels gemacht war? Wir wissen es nicht, aber dem, der nur ein wenig an Schicksal zu glauben vermag, erscheint es jedenfalls in hohem Maße wahrscheinlich.

Man darf auch vermuten, daß Kleopatra, diese noble Lady, den Becher dem Antonius geschenkt hat. So ist er nach Rom gekommen, um im Nachlaß des Antonius versteigert zu werden. Der Vater des Quintilius Varus hat ihn um billiges Geld gekauft. Quintilius Varus hat ihn, ein pietätvoller Zug, immer als Andenken an seinen Vater bei sich geführt.

Sowohl Arminius, der Fürst der Cherusker, wie der General der Kavallerie Exzellenz Segest haben zuweilen auf das Wohl des Kaisers Augustus daraus getrunken.

Es ergibt sich sozusagen von selbst, daß der Becher nunmehr im Teutoburger Walde verschwinden wird. Immer wieder kehrt das Gold in die Erde zurück oder in das Meer, woher es gekommen ist. Immer wieder, wie der Riese Antäus von seiner Mutter Gäa, holt es sich neue Kraft aus dem Dunkel, aus dem es stammt. Immer wieder, wie Aphrodite, die Schaum- und Meergeborene, richtet es neues unermeßliches Unheil an, wenn es aus der Tiefe wieder emporsteigt.

Gold ist Glück und Unglück zugleich. Gold hat Byzanz groß und reich gemacht und hat es ins Verderben gestürzt. Gold hat dem Reich des Montezuma seinen Glanz gegeben. Gold hat seinen Untergang herbeigeführt. Aus Gold macht der Mensch den edelsten Schmuck, die heiligen Meßgeräte, den Ring. Es ist dasselbe Gold, das in den Tresors der Staatsbanken als Kriegsschatz liegt und sich so leicht in Waffen, Unheil und Tod verwandelt.

Viele hundert Jahre liegt der Becher im Moor des Teutoburger Waldes wie vordem im Meer bei Zypern, bis fromme Mönche den Wald urbar machen und den Becher finden. Allabendlich trinkt der ehrwürdige Abt aus dem Becher der Kleopatra seinen Abendtrunk, und Noah lächelt al fresco von der Wand des Refektoriums zu diesem heidnisch-christlichen Zusammentreffen.

Als die Schweden schließlich das Kloster niederbrennen, wandert der Becher wieder in den Beutesack eines Soldaten Dieser weiß zwar nichts von Aphrodite. Aber er läßt seiner Liebsten einen schönen Halsschmuck davon machen. Die ging ihm davon und freite einen Wirt im Spessart, der den Tand verkaufte und eine neue Scheune davon baute.

So kam der Apfel des Paris wieder in die Schmelze, und der Kurfürst von Hessen ließ Dukaten daraus schlagen. Einer dieser Dukaten geriet im Brustbeutel eines hessischen Soldaten in den amerikanischen Freiheitskrieg. Dem braven Hessen wurde im Gefecht am Red River das Bein zerschmettert. Er wäre wohl elend zugrunde gegangen, wenn ihn Onkel Tom nicht in seine Hütte genommen und wieder gesund gepflegt hätte. Der Soldat schenkte Onkel Tom den Dukaten.

Wiederum eine Zeit später ließ sich ein Nachfahre Onkel Toms aus dem unnützen Dukaten einen nützlichen Eckzahn bauen. Selbst in dieser niederen Stellung noch blieb der Zauber der Aphrodite ungebrochen. Alle schwarzen Mädchen von St. Louis fanden das goldene Lächeln des braven Niggers unwiderstehlich. Aber die Liebe stürzte den schwarzen Paris in so unermeßliche Unkosten, daß er seinen goldnen Eckzahn verkaufen mußte.

Wiederum kam der Apfel Homers in die Schmelze und wurde zu dem Ring, den der Großvater der Großmutter von seiner Reise aus Amerika mitbrachte. So haben Sie den Apfel der Hesperiden, den Becher der Kleopatra, die Halskette der Wirtin aus dem Spessart, den Dukaten des Kurfürsten von Hessen, den Eckzahn von Onkel Toms Urgroßneffen an Ihrem linken kleinen Finger. Sehen Sie sich das kleine Stückchen hellen Glanzes genau an, und verfehlen Sie nicht, darüber nachzudenken, daß es noch immer glänzen wird, wenn Sie schon lange, lange ausgeglänzt haben werden.

## MEDITATIONEN IN DER NACHT DES HEILIGEN SYLVESTER

Das Jahr pfeift auf dem letzten Loch – und wir mit ihm. So habe denn der Narr das Wort!

Es war ein guter Brauch in alten Zeiten, daß neben den Thronen der Könige die Narren hockten. Die Heruntergekommenheit unseres gloriosen Jahrhunderts kann man an nichts so deutlich sehen wie daran, daß die Narren aus unserer Zeit verschwunden sind.

Die Nacht des heiligen Sylvester, die letzte Nacht des Jahres, ist von jeher die Nacht der Narren gewesen. Der Heilige dieses Tages ist der Papst Sylvester I. Nach der Legende ist er der Mann, der den Kaiser Konstantin den Großen getauft hat. Damals ging in großem Glanze die Zeit des Heidentums zu Ende, damit in größerem Glanze das Abendland dem Christentum gewonnen werden konnte.

Eine Fülle von fröhlichen alten heidnischen Gottheiten, die in Stadt und Land ihr Wesen getrieben hatten, gingen in dieser neuen Welt ihres Ranges als Gottheiten verlustig.

Aber sie waren nicht tot. Als muntere Teufel, als boshafte Dämonen, als witzige Kobolde tauchten sie wieder auf. Manch einer suchte sich zur Wohnstatt eine menschliche Seele, zog ein und machte sie zum Narren. Alle diese Teufel, Dämonen und Kobolde retteten sich unter den weiten Mantel gerade desjenigen der Heiligen, welcher ihrer Göttlichkeit den Garaus gemacht hatte. Der heilige Sylvester nahm sie alle mit einer großen Gebärde unter seinen Schutz. Unter dem Mantel eines Heiligen ist Raum für manch irdisches Ding. Wie könnten auch ein paar arme Teufel dem Himmel von seinem unendlichen Glanze etwas rauben. Die großen Feste des Jahres sind fromme Feste. In der Nacht des heiligen Sylvester erwacht noch einmal etwas von der alten Heiterkeit des Lebens, welche dem Menschen befiehlt, seiner Würde die Schellenkappe aufzusetzen und seinem Nächsten mit der Narrenklappe auf die Schulter zu schlagen.

Sollen wir Feste feiern, da wir es nur zwischen Gräbern tun können?

Welch eine Frage!

Als ob jemals Feste anders hätten gefeiert werden können als zwischen den Gräberfeldern, welche die unendliche Kette der Generationen seit Anbeginn über die alte Erde gebreitet hat.

Der Mensch, sofern er schlichten Gemütes ist, neigt nicht zur Philosophie. Wenn das alte Jahr im grauen Nebel der Vergangenheit verschwindet und das neue Jahr uns aus dem Morgen der Zukunft entgegenkommt wie ein lächelnder Knabe, dann fallen wir einander um den Hals, als ob wir alle Brüder wären. Dazu sind wir meistens noch des Punsches voll.

Die seltsame und verrückte Heiterkeit, die sich der Menschen in der Nacht des heiligen Sylvester bemächtigt, scheint

OLAF GULBRANSSON 48

absurd. Wer hat schon einem alten Jahr viel Gutes nachzusagen, und wer, wenn er nicht des Punsches voll ist, wird ernsthaft von einem neuen Jahr viel erwarten! Die europäische Menschheit lebt in einer Epoche großer Geschichte. Das heißt, es ist ungemütlich geworden auf diesem alten Kontinent. Am Horizont zucken die Blitze. Erdbeben lassen den Boden unter uns erzittern. Die Götter haben den Olymp in Nebel gehüllt. Wir wissen nicht, was über uns beschlossen ist.

Die Heiterkeit ist nicht eine Folge des Punsches. Der Punsch ist eine Folge der Heiterkeit. Die seltsame und verrückte Heiterkeit in der Nacht des heiligen Sylvester ist ein Fest der Tapferkeit des menschlichen Herzens. Ein Gebirge von Leiden hinter sich, ein Gebirge von Sorgen vor sich, hebt der Mensch das Glas zum Himmel und lacht. Es ist das Lachen eines tapferen Herzens, das in den Hallen, an deren Wänden schon die Flammen hochzüngeln, die Feste zu Ende feiert.

Möge die Narrheit ihre Bocksprünge machen. Narren allein sind würdig, der Weisheit die Schleppe zu tragen. Die Narren hüpfen durch den Schmutz der Straße, damit der purpurne Mantel der Weisheit, dessen Schleppe sie in ihren Händen halten, nicht durch den Schlamm geschleift werde.

Wir haben dreihundertfünfundsechzig ernste Tage hinter uns, wir haben dreihundertfünfundsechzig ernste Tage vor uns. In dieser einen Nacht des heiligen Sylvester wollen wir tapferen Herzens das Punschglas zum Himmel heben und uns lächerlich machen um der Würde der menschlichen Seele willen.

Mögen die Götter uns gnädig sein!

# UNTERWEGS

## 1928

### AM BAIKALSEE UM FÜNF UHR FRÜH

Der Zug steht mitten in Sibirien auf einer kleinen Station am Rande des Baikalsees. Vor meinem Fenster steht einsam ein Soldat. Ach, was wissen die Leute von der Natur, ehe sie nicht drin Wache gestanden haben.

Großartig und unbegreiflich bricht die Morgenröte über den schon mit Schnee bedeckten Gipfeln in den Himmel ein. Vielleicht ist das die Stunde, in der die einsamen Hirten auf den Steppen ihre schlichten und ergreifenden Lieder gedichtet haben, welche auch uns in mancher Bar um fünf Uhr früh schon zu Tränen gerührt haben. Die leichten Nebel über dem See geben dem Soldaten eine gespenstische Kontur. Es ist diese Stunde, in der man über den Grabenrand sehen konnte auf die Stellung des Gegners am anderen Ufer der Aisne. Es schoß fast nie um diese Zeit. Es war praktisch gefahrlos. Aber es konnte schießen. Daß man bis zur Hälfte aus der Erde sah, daß man diese drei Züge frische Luft nur haben konnte gegen die Möglichkeit eines unvermuteten Heldentodes, gab einem ein unbeschreibliches Gefühl von Größe. Aus irgendeinem Grund dachte man an den Major Schill, bis man Kaffee kochen ging, solange als irgend noch der Rauch dieses kleinen Feuerchens für Nebel gelten konnte. Nicht wegen der Franzosen. Die konnten höchstens schießen. Vorsicht war nur nötig des Regimentsstabes wegen. Der schoß zwar nicht, aber das Kaffeekochen konnte er verbieten.

Billig wäre es, die Märchenwünsche des einsam wachenden Sibirjaken um den verstaubten Expreß zu ranken, der aus unbekannten Fernen kommt und in unbekannte Fernen entschwindet.

Dieser frierende Soldat denkt nur daran, ob Pjotr Ivanovitch, dieses Schwein, bald aufstehen wird, um den Tee zu kochen. Hier hindert ein Regimentsbefehl, wegzulaufen, solange der verdammte Zug dasteht. Der einsame Soldat hat nur den einen Wunsch, dem Pjotr Ivanovitch märchenhaft ins Kreuz zu treten. –

Berge sehen sich in der ganzen Welt merkwürdig ähnlich. Bäume auch. Am ähnlichsten sehen sich Ebenen. Man muß schon sehr lange in den Berliner Salons verkehrt haben, ehe man in der Lage ist, von Pampa anders beeindruckt zu werden als von Tundra. Wenn mal wieder einer anfängt, von den unendlichen Ebenen Asiens zu reden, so weiß ich, daß er entweder lügt oder dritter Klasse gefahren ist. In der dritten Klasse sind die Fenster so blind, daß man sich alles dahinter denken kann. Durch meine komfortable Spiegelscheibe habe ich immer nur die ersten dreißig Meter gesehen. Dann kamen Birken. Immerzu Birken, eine Woche lang, in allen Stadien des Verblühens. Herbst mit Zeitlupe.

Begreiflicherweise habe ich mich lieber mit Seljanka beschäftigt. Seljanka! Welch ein Name! Man könnte sich darunter ein Mädchen vorstellen, ein einfaches Kind des Landes, der großen, wie gesagt, unendlichen Ebenen Asiens, die mit Kühen und Wölfen auf Du und Du steht und dennoch tief im Grunde zur unerhörten Leidenschaft des russischen Menschen fähig ist. Magie des Namens! Aber Seljanka, so magisch sie heißt, ist nur eine Fischsuppe. Jedoch, sie schmeckt nach Sibirien!

Ringsum ist alles vertraut. Die Birken, das Tischtuch, die

Fahrgäste, die Bahnhofsuhr. Fremd sind nur die Gerüche. Leder, Seljanka, russischer Tabak und der Holzrauch der Lokomotive mischen sich zu einem jener besonderen Akkorde, die, auch nur in Einzeltönen nach Jahren einem begegnend, die Erinnerungen herbeizaubern.

Karbol – denken Sie nicht an jene bangen Stunden, die Sie im Wartezimmer der Klinik saßen, während Ihre Geliebte am Blinddarm operiert wurde?

Kerzen — denken Sie nicht an das Begräbnis Ihres würdigen Onkels, dessen Orden auf dem Sarge lagen und der nachher so viele Schulden — nun, lassen Sie sich lieber das Fest bei Frau v. S. einfallen, das mit Kerzenduft fast ein Bacchanal geworden wäre, wenn man nicht der unvorhergesehenen Hitze wegen um zwölf Uhr schon aufgebrochen wäre.

Ungeschrieben bleibe die aromatische Morphologie. Mir jedenfalls wird, wenn ich je wieder in Sydney oder auf der Knesebeckstraße Seljanka begegne, jenes langgestreckte Dorf einfallen, das da unter Führung einer Lokomotive sich aufgemacht hatte, von Moskau nach Wladiwostok zu wandeln, losgelöst von den Gemeinschaften der Menschen, nicht achtend eines ganzen Erdteils, gefüllt mit Schlaf, Hunger, Flirt, Grammophon, Skat und Langeweile, eine Arche Cook, in der sogar Noah nicht fehlte, durch einen bärtigen Methodisten würdig vertreten.

Da ist die Amerikanerin, die jeden Morgen die Eier zurückschickt, weil sie entweder zu hart oder zu weich sind. Kein Wunder, daß sie beim viertenmal den ganzen Jenissei verpaßte. Als ihr dann hinterher jemand erzählte, es sei der längste Fluß der Welt, sah sie schnell noch einmal zum Fenster hinaus, obwohl es gut zwei Stunden später war. Schließlich bezweifelte sie, daß dieser Weltrekord Amerika entgangen sein könnte, und plädierte eifrig für den Mississippi. Wer hätte da widerstehen können! So ungerecht kann selbst diese Erde nicht sein, daß sie ihren längsten Fluß ausgerechnet den Bolschewiki reserviert.

Dann kriecht da eine Yvonne zwischen den Stühlen herum, ein süßer Balg. Auch sie scheint, trotz ihres verhältnismäßig geringen Alters von zwei Jahren, das Wesentliche der Dinge im Geschmack zu sehen. Sie kaut an allem, was sie zwischen den Stühlen findet. Eine beneidenswerte Konstitution!

Durchaus erfreulich ist auch der Weltmeister. Man braucht nur ein bestimmtes Stichwort zu sagen, so erfährt man die Geschichte von der Olympiamedaille, so oft man will. Ihm verdanke ich auch einen feinsinnigen Hinweis darauf, wo eigentlich man das Geistige im Sport zu suchen habe.

„Sähn Se mal, das Ganze is alles Gombination und Gefiehl. Ich sähe den Gegner schtarr ins Ooche, und der denkt nadierlich, nu gommt der Ball. Aber was de mei Freind Oswin is, der weeß schon lange, was's geschlaachen hat, wenn ich schtarr gucke. Schon hatt' er'n Ball un rin ins Goal, daß's nur so gracht. Das is ganz uhngerecht, wemmr immer saacht, där Schport wäre uhngeist'ch. Wemmr nich' so geistreich gombiniert hätt'n, hätt'n m'r nie gewinnen gönnen."

Ergriffen lauschten wir den goldenen Olympiaworten des Heroen, der das bolivianische Team so glanzvoll zum Sieg geführt hatte. Ob die Amerikanerin alles verstanden hat, weiß ich nicht. Jedenfalls war sie am meisten ergriffen.

Unser Dorftrottel ist Karl, der Knecht des Speisewagens. Die Sowjetregierung hat, um allen Komplikationen vorzubeugen, in den Zug nur Bediente gesetzt, die keine fremde Sprache sprechen. Von Karl vermuten wir, daß er überhaupt keine Sprache spricht.

Das Bestellen nach der Karte hat sich zu einem beliebten Glücksspiel entwickelt, bei dem hohe Einsätze getätigt werden. Wenn man zum Beispiel Spiegeleier bestellt, bekommt man eingelegte Früchte oder Rotwein. Sie sehen ohne weiteres, welche Odds da möglich sind. Doch verteidige ich Karl gegen alle Angriffe. Erstens einmal sind Trottel überhaupt sympathisch. Zweitens, was ich auch bestelle, er bringt mir auf alle Fälle Rotwein, sogar wenn ich ihn bestellt habe. Gerade der Primitive zeigt oft eine erstaunliche Menschenkenntnis. Manchmal stolpert Karl über Yvonne. Yvonne, grundsätzlich, wenn sie nicht kaut, dann brüllt sie. Wenn Karl über sie stolpert und sie brüllt ohnehin schon, dann weiß sie immer noch ein Crescendo aus dem Lünglein zu holen, daß uns die Augen übergehen. Mama tut dann ihr Möglichstes und klebt ihrer Tochter nassen Keks in den Hals. Davon wird sie still, ich vermute, wegen Luftmangels.

Der Vater droht einer Lächerlichkeit anheimzufallen, die sein Heroismus vielleicht nicht verdient. Einige haben dann Mitleid, teils mit Karl, teils mit Yvonne, teils mit Papa. Manch gutes Wort über *Educational Problems* und die zarte Seele der Kinder fällt dabei ab.

Nur Miß Ann weht mir ein mokantes Lächeln herüber, das um so erstaunlicher ist, als sie sicher ein gutes Herz hat. Geben wir der Hoffnung Ausdruck, daß wir das Ziel der Reise erreichen, ehe Yvonne zertreten wird. Diese Ruhe wäre zu teuer erkauft. So zieht unser Leben in angenehmer Regelmäßigkeit auf dem fünfundzwanzigsten Breitengrad dahin. Dinge wie Ural und Irkutsk vermögen unsere gesetzte

Ruhe nicht mehr zu stören. Nur nachher beim Frühstück wird man den See *awfully nice* finden.

Morgen blühen uns Kamele am Lebensweg und übermorgen die schauerliche Einöde der Wüste Gobi.

Allerdings, weil es nur die kleine Gobi ist, sind wir schon im vorhinein ennuyiert. Auch muß ich enttäuscht feststellen, daß wirklich überall in Sibirien Telegraphenstangen stehen, alle zwanzig Meter eine.

Dann wird unser Dorf zersprengt werden. Wenn wir einander aus Blickweite geraten sind, dann werden wir zu lügen anfangen von den unendlichen Ebenen Asiens, die wir nicht gesehen haben.

Wie beneide ich die, die heute abend am Kurfürstendamm die Wolgaschiffer klagen hören. Wie wird ihnen die Größe und Schönheit dieses Landes aufgehen, während ich mich nur rasiere am Baikalsee um fünf Uhr früh.

## DIE LOBBY

Die *Porta Westfalica* ist das Tor der Völker, die nach Westen zogen, um Geschichte zu machen. Die Lobby ist die Halle der Gentlemen, die nach Osten zogen, um Geschäfte zu machen. Es ist die Halle des Hotels Astor House in Shanghai.

Es ist eine geradezu wunderbare Halle in einem teils barocken, teils maurischen Stil, mit Säulen und einem Glasdach in byzantinisch bunten Farben und jedenfalls von einer unerhörten marmornen Vornehmheit. An jeder Säule steht ein weißgekleideter Boy, sanft mit Mocassins beschuht, stets bereit, einen Cocktail herbeizuschweben, leise, gelb, aufmerksam und mit einem tausendjährigen Lächeln. Es gibt auch Boys, die keine zuständige Säule haben. Es ist von vornherein klar, daß es sich dabei um Boys von minderer Sorte handelt.

In der Tat haben sie nicht das schöne Recht, Cocktails herbeizuschweben. Dem müssen sie von weitem zusehen. Wahrscheinlich ist es ihr Wunschtraum. Wenn es nicht Chinesen wären, würden sie vielleicht den Coko bekommen, den Cocktailkomplex; eine vermutlich sehr unangenehme Erkrankung. Davor sind sie in der wunderbarsten Weise geschützt. Nicht nur, daß Chinesen keine Komplexe haben, die chinesische Sprache hat nicht einmal ein Wort dafür. Ihre Struktur schützt sie auch davor, es jemals haben zu können. Komplex wird immer ein Fremdwort bleiben. Das ist in China ein Wort der Fremden, im vorhinein verdächtig.

So träumen sie höchstens im Privatleben von Cocktails, eine vermutlich durchaus nicht unangenehme Beschäftigung. Unterdessen üben sie die ihnen zustehenden Rechte aus, eine Zigarre anzuzünden, einen Handschuh aufzuheben, einen Stuhl zu rücken. Von diesen drei Rechten kann in diesem sonderbaren Land ein erwachsener Mann leben und noch sieben Kinder dabei großziehen. Aber selbst in diesen ihren Grundrechten sind sie nicht ganz selbständig. Vielmehr müssen sie es sich gefallen lassen, von den Säulenboys dabei mit Rippentrillern unterstützt zu werden. Doch braucht man sich darüber keine Sorgen zu machen. Irgendwo in den Hintergründen des Hotelpalastes lebt die niedrige Klasse der Stiefelkulis. An sie werden die Rippentriller weitergegeben. Und diese wieder? Ja, dem letzten trillern die Rippen. Das Leben ist kein Vergnügen.

Auch die Säulenboys haben die Triller aus zweiter Hand. Über ihnen thront, nur zuweilen aus seiner Tür hervortretend wie ein grimmer Himmelswächter, der Number One. Der

Number One, ein Geheimrat unter den Boys, ist ein dicker Mann in einem langen, seidenen J-shang, würdig und angesehen, finster drohend, wenn ein Säulenboy in seine Sehachse gerät, wohlwollend und urban, wenn sein Blick auf einen Gentleman fällt. Vor der Windfangtüre steht ein Inder, ein Sikh, mit Turban und schütterer Bartkrause unter dem Kinn. Er ist der Diktator der vierzig bis fünfzig Rikschakulis, die lärmend vor dem Haus auf der Straße warten. Er prügelt sie, und dafür nimmt er ihnen Geld ab. Manchmal nachts, wenn er allein nach Hause geht, prügeln sie ihn. Man sagte mir, daß er das unter Spesenkonto bucht. Die einzigen in diesem Lande, die weder prügeln noch geprügelt werden, sind die Gentlemen.

Die Gentlemen sitzen in der Lobby und trinken Cocktails. Man halte das nicht für Leichtsinn. Der Cocktail ist für das Geschäft so unentbehrlich wie die Kalkulation. Der Cocktail beseitigt Widerstände. Aus Widerständen besteht das ganze Geschäft. Das ständige Beseitigen der Widerstände ist ein Opfer der Gentlemen auf dem Altar des Business.

In der Lobby kennt jeder jeden. Man weiß, der wohlbeleibte Herr bei Säule drei ist Colonel Fowler. Er hat einiges in den Kohlendistrikten von Südwales zu sagen. Wenn er hier sitzt, so bedeutet das, daß er auch in den Kohlendistrikten von Kailan ein bißchen mitreden will.

Mr. Sackville ist von der Imperial Chemical. Niemand zweifelt, daß er den Bauern in Honan ein wenig Stickstoff in die Ackerkrume mischen will. Mr. Sackville hat sich persönlich bemüht, weil es in Honan allein dergleichen Bauern an die vierzig Millionen gibt und entsprechend viele Ackerkrumen.

Dann gibt es die beiden Kategorien der Berater und der

Reorganisatoren. Abenteurer zuweilen, zuweilen auch ganz solide Männer aus der Heimat, durch einen chinesischen Untermieter zum Abenteuer verführt. Diese allerdings nimmt niemand ernst, außer sie selbst. Wenn man etwas länger in der Lobby sitzt, sieht man nach durchschnittlich drei Monaten die Berater und nach durchschnittlich fünf Monaten die Reorganisatoren wieder dasitzen. Sie sehen dann etwas zerrupft aus und der Beratung und Reorganisation selber dringend bedürftig. Immerhin, sie haben etwas gelernt. Sie haben gelernt, was sie drei, beziehungsweise fünf Monate vorher ganz leicht in der Lobby hätten erfahren können, daß China ein sehr merkwürdiges Land ist.

Mr. Sackville und Colonel Fowler sitzen gerade bei Säule zehn, und ein Berater und ein Reorganisator, die morgen ins Innere wollen, entwickeln ihre phänomenalen Projekte. Die Gentlemen lächeln. Ratschläge gibt hier niemand. Das gilt nicht als fein.

Gegen Mittag und so gegen sechs Uhr sieht man vereinzelte Chinesen zwischen den Säulen mit den Gentlemen plaudern. Es ist ganz außerordentlich schwer zu sagen, was diese Chinesen für Leute sind. Sie sehen sich alle ähnlich. Man weiß niemals, ob nicht ein Minister dabei ist oder gar Herr Hsü Hsi-tsing, der reichste Mann aus der Provinz Chekiang, der den Reishandel und die Schiffe in drei Provinzen beherrscht. Das alles weiß der Number One. Berater und Reorganisatoren pflegen ihm Krach zu machen, wenn der Cocktail zu lange auf sich warten läßt. Die Gentlemen der Lobby senden ihm Geschenke und lassen seiner geehrten Hauptfrau zehntausend Glückwünsche sagen zur Geburt ihres dritten Sohnes.

Wenn es einem morgen gelingt, den Number One zu einem Essen einzuladen, so kann man übermorgen schon wissen, was Herr Hsü Hsi-tsing über den Silberkurs und über den Aufstand in der Provinz Szechuan denkt. Herr Hsü Hsi-tsing weiß darüber mehr als alle Börsen der Welt.

Die großen Geschäfte werden in den Büros abgeschlossen, unterschrieben und gesiegelt. Die diplomatischen Präliminarien, die Fühlungnahme, die Information, das alles spielt sich in der Lobby ab, unsichtbar und mit Delikatesse verhüllt, sichtbar und verständlich nur dem Eingeweihten.

Dazwischen lärmen Schwärme von amerikanischen Touristen. Sie kommen heute mit dem Dampfer an, fahren übermorgen weiter und sind in China gewesen.

Dazu kommen jene Zeitgenossen, die alles so interessant finden und mit dem Boy, der sie dafür verachtet, Gespräche führen. Herrn Hsü Hsi-tsing halten sie für einen Fremdenführer und fragen ihn nach dem Friseur. Zu Hause schreiben sie ein Buch über die Probleme des Fernen Ostens.

Um fünf Uhr kommen die Damen der Shanghaier Gesellschaft zum Tanz, schön und märchenhaft elegant. Dazu Matrosen der britischen Marine, vornehme Chinesinnen in teuren Wagen und teuren Pelzen, die Clerks der großen Handelshäuser, Me Lanfang, der große chinesische Schauspieler, der französische Generalkonsul, Italiener, Portugiesen, Russen, alles dirigiert von dem eleganten Empfangschef im Cutaway. Früher einmal war er der Unteroffizier Z. von der Brigade Pfeil. Bei Tarnow geriet er in Gefangenschaft. Über Sibirien und die Mandschurei landete er hier.

Es ist eine bunte koloniale Welt, unsolide, traditionslos, zusammengewürfelt, eine Passage der Wünsche, Hoffnungen und Enttäuschungen, ein Markt der Eitelkeiten des zwanzigsten Jahrhunderts, anarchisch und aufregend, voller Möglichkeiten und voller Resignation – Europa ohne Hintergrund.

Schweigend, gelb und freundlich stehen die Säulenboys, von nichts erschüttert als von Cocktails. Plaudernd, weiß und ernst sitzen die Gentlemen und machen Weltwirtschaft, von Cocktails nicht erschüttert, in der Lobby im Astor House in Shanghai.

## ODYSSEUS AUS RADEBEUL

Herr Nitschke hatte eine ziemlich große Nase. Selbst ein wohlwollender Betrachter hätte zugeben müssen, daß sie nicht nur groß, sondern auch rot war. Ja, dieses Rot hatte geradezu einen bläulichen Schimmer. Es blieb kaum etwas anderes übrig, als anzunehmen, daß diese spezifische Verfärbung vom Saufen komme. Und doch war dem nicht so. Herr Nitschke hatte seine Nase erfroren. Freilich würde mancher gerne seine Nase erfroren haben, wenn er sie überall dorthin hätte stecken können, wohin Herr Nitschke die seine gesteckt hatte. Aber Herr Nitschke war kein Snob. Daß er sich die Nase erfroren hatte, das kränkte ihn nach Jahren noch tief. Zu dieser Nase gehörte ein schöner, kugelrunder Schädel mit kurzgeschorenen, weißen Stoppeln und ein Gesicht, das von tiefem Frieden erfüllt war.

Herr Nitschke saß still vor einem kleinen Hellen in einer Kneipe im Hafenviertel von Shanghai. Schwitzende Chinesen bearbeiteten schlecht und recht die Saxophone. Von der Decke hingen Papiergirlanden wie beim Bockbierfest in der Heidemühle. Amerikanische Matrosen tanzten mit leicht verglasten Whiskyaugen und verbissenem Ernst komplizierte Tangofiguren. Dabei schoben sie zuweilen ihre Mützchen vom einen Ohr auf das andere. Man hatte das Gefühl, daß sie sich Mühe gaben, die kleinen chinesischen Tanzgirls, die ihnen knapp bis zum Nabel reichten, in den Kurven nicht zu verlieren.

Dicker Tabakrauch hing wie wehende Geisterlaken um die Lampen. Von irgendwoher hörte man das Klappern von silbernen Dollarstücken. Es herrschte jene angestrengte und gewissenhafte Atmosphäre, welche sich immer da einstellt, wo Männer das Laster zu finden hoffen.

Der einzige, der sich an der allgemeinen Bemühung um die Erzeugung von Verworfenheit nicht beteiligte, war Herr Nitschke. Im Zustand vollkommenen Wohlbefindens saß er inmitten des von allen Seiten locker getriebenen Treibens als eine Insel der Seelenruhe. Offensichtlich hatte Herr Nitschke die Emotionen einer allzu bemühten Zivilisation hinter sich. Die Frage war, ob er ein verspäteter Schüler des Laotse oder ob er nur einem milden Stumpfsinn verfallen war.

Keins von beiden hatte statt. Vielmehr, Herr Nitschke war aus Radebeul gebürtig. Durch die Wolken der Lasterhöhle im Hafenviertel von Shanghai sahen seine Augen die sanften Hügel, die sich am Ufer der Elbe entlangziehen. Fast vermeinte er, er sitze vor dem Tor seines Hauses, die fernen Türme von Dresden blitzten herüber, der Strom seiner Heimat spiegle sich im Abendsonnenschein und er höre die Drehorgel von dem Mann, der schon bei St. Privat sein Bein verloren hatte.

„Sei gegrüßt, du teure Heimat, teure Heimat sei gegrüüüßt ..."

Herr Nitschke war um diese Zeit fünfundfünfzig Jahre alt. Seit fünfunddreißig Jahren war er der Heimat fern. Seit fünfunddreißig Jahren tauchte in seinen guten Stunden diese Vision vor ihm auf. Um sie zu verwirklichen, hatte er folgenden Weg gemacht.

Als junger Kerl war er zur Marine gegangen. Die Sachsen haben eine eingeborene Neigung für die Seefahrt. Im vierten Jahre seiner Dienstzeit war er mit dem deutschen Ostasiengeschwader nach dem Gelben Meer gefahren, ein kleines Stückchen China zu erobern für das damals stolze und mächtige Deutsche Reich. So stand er eines Tages unter einem Haufen Chinesen, die ihn begafften, wie etwa ein Kamel in Radebeul begafft wird, und sagte:

„Eichentlich recht hibsche und umgängliche Leute, die Chinesen . . ."

Nach dieser Feststellung nahm er sein Erspartes und seinen Abschied und wurde ein Händler und Kaufmann in China. Die Sachsen haben eine eingeborene Neigung für den Welthandel.

Herr Nitschke, mit dem Ehrgeiz und dem Eifer, der seinem Stamme eigen ist, lernte Chinesisch. Herr Nitschke sprach das Chinesische sächsisch aus. Es ist ein vollkommenes linguistisches Rätsel, daß die Chinesen ihn verstehen konnten.

Aber nicht nur, daß sie ihn verstanden, allmählich begannen die Chinesen, Herrn Nitschke zu lieben. Er hatte keine Vorurteile. Wenn sie spuckten, dann regte sich der Obermatrose Nitschke aus Radebeul nicht weiter auf. Er spuckte mit. In seiner harmlosen Neugierde drang Herr Nitschke tiefer und tiefer in das Seelenleben der Chinesen ein. Heute ist er ein ethnologisches Lexikon mit Kenntnissen über dieses rätselhafte Land, welche in diesem Umfang nur wenige Europäer haben. Doch bald wurde an der Küste eine Stadt gebaut. Straßen wurden gelegt, Wasserleitungen, Eisenbahnen. Die Chinesen hörten auf zu spukken und setzten sich Eiersieder auf den Kopf. Eines Tages stand Herr Nitschke wieder einmal zwischen einem Haufen

Chinesen. Aber sie begafften ihn nicht mehr. Herr Nitschke stellte traurig fest:

„Hier is' gar nich' mehr richt'ch chines'sch."

So zog er fünfhundert Meilen ins Land hinein, wo die Chinesen wieder spuckten, keine Eiersieder trugen, ihn wieder begafften und liebten, kurz wieder richtiges China war.

Herr Nitschke fühlte sich nur da wohl, wo die westliche Zivilisation schon aufgehört hatte. So kam er im Lauf der Jahrzehnte tief nach Asien hinein. Heute sitzt er in Tatienlu, an der Grenze zwischen Tibet und Szechuan, dem Land der vier Ströme, der reichsten und schönsten Provinz dieses reichen und schönen Landes.

Als die Chinesen 1917 an Deutschland den Krieg erklärten, schien auch Herr Nitschke bedroht. Aber es stellte sich heraus, daß Herr Nitschke von der Kriegserklärung ausdrücklich ausgenommen war. Er durfte friedlich weiter mit dem Dalai Lama handeln. So gehört er zu den wenigen Deutschen, die nicht repatriiert wurden.

Herr Nitschke handelt mit Häusern, mit Ratschlägen und mit Salizylsäure. Er ist der Vertreter der größten Weltkonzerne und verkauft ihnen monatlich für hundert Dollar ihrer Ware. Wenn Sven Hedin in Lhasa einen Bleistift gefunden hat, so ist es sicher, daß er durch Herrn Nitschkes Hände gegangen ist. Er hat weisen Äbten, die in tausendjährigen Klöstern sitzen, Grammophone und Bügeleisen verkauft. Er hat die Frauen hoher Mandarine mit Nähmaschinen versorgt. Herr Nitschke ist die Spitze Europas in Innerasien und ein Weltmeister der Primeurs. In Szechuan, das sechzig Millionen Einwohner hat, kennt ihn jedes Kind. Dort auch hat er sich im Gebirge, Alpen, die noch keinen Namen haben, die Nase erfroren in einer kühlen Mainacht bei fünfundzwanzig Grad Kälte.

Nach acht Jahren ist Herr Nitschke zum ersten Male wieder für vierzehn Tage nach Shanghai gekommen. Zu dieser Reise brauchte er sechs Wochen. Das ist so lange wie von Shanghai nach Radebeul und zurück. Nun sitzt er in der Kneipe des Morgens um halber vier. „Schlafen tu'ch cha nich'", meint er, „das wär' ja schade um die Zeit." Gelassen geht Herr Nitschke tagsüber seinen Geschäften nach und schließt Verträge mit Händlern und Agenten. Gelassen sitzt er nächtens in den Lasterhöhlen und träumt heiter in die Zukunft. Bald wird der Lohn ihm winken.

Er war im Begriff, das letztemal nach Tibet aufzubrechen. Nur noch einmal für kleine acht Jahre mußte er ins Innere. Dann würde er das Geld zusammenhaben, um seine Träume zu verwirklichen.

Herr Nitschke hat Peking gesehen und den Omishan, den heiligsten der heiligen Berge der Chinesen. Herr Nitschke hat die schwerste Sprache der Welt erlernt und unerreichte Meisterleistungen des Kommerzes vollbracht. Er hat in den verschiedensten Jahrhunderten der Menschheitsgeschichte gelebt.

Herr Nitschke hat die verschlossensten und merkwürdigsten Länder der Welt gesehen und die fremdesten Sitten erlernet. Aber dieser Odysseus aus Sachsen denkt nur an sein Ithaka an der Elbe, Radebeul bei Dresden, die süße, ferne Heimat.

Die Radieschen aus dem Beet im Garten, über dem eine blaue Glaskugel schwebt, sind ihm mehr wert als die kostbarsten Früchte der Tropen. Und die blaue Glaskugel seiner Träume gäbe er wohl nicht her für alle Schätze der chinesischen Kaiser.

Fünfunddreißig Jahre hat er ausgeharrt, der tapfere Sachse an der tibetanischen Grenze. Ob über dem Frieden seines Alters die Sonne der Heimat leuchten wird? Wenn man Herrn Nitschke gesehen hat unter den Bockbiergirlanden in der Hafenkneipe von Shanghai mit dem visionären Blick nach Radebeul, der freundlichen Stätte der Hoffnungen eines langen Lebens, dann weiß man, daß die Treue der alten Helden noch nicht ausgestorben ist. Nur tragen sie nicht mehr von Hephaistos geschmiedete Schilde, sondern schlichte Röllchen und einen eisernen Schlips. Irgendwann später einmal wird ein neuer Homer kommen, in leuchtenden Versen die Leiden und Taten dieser Helden zu besingen, die Leiden und Taten der Deutschen in den Urwäldern und Wüsten aller Kontinente.

## EIN TRAUM GEHT IN ERFÜLLUNG

Still im Untergrund unserer Seele schlummert, eine zarte Blüte, die ungestillte Sehnsucht nach der Mondänität. Die Titelblätter der Magazine beleben seit langem unsere Träume. Die Marmorsäulen, zwischen denen Adolphe Menjou sein diskretes Lächeln lächelt, vor welchem ganze Parketts von Ladies in Trance versinken, sie wünschen wir uns, um lasterhaft und sorglos mit unerhörten Frauen zwischen ihnen zu wandeln. Die Magazine und die Filme stellen uns das Leben dar, wie wir es uns wünschen, einfach und unlogisch.

Gaston de Percival, Marquis von Sieyès, dem, sehen Sie, möchte ich mal begegnen. Schloß an der Loire, ohne Hypotheken natürlich. Und nicht auf der Suche nach einer Dame aus Amerika, welche die Lilien des ehrwürdigen Wappens sich in die Badehandtücher sticken läßt. Aber entweder hat er die Hypotheken und muß die Getreidebörse sorgfältig verfolgen, und dann ist er kein richtiger Marquis mehr. Oder die Dame aus Amerika hat ihn, und das kann einem jeden Marquis verleiden. Das Vorkommen von magazinfähigen lebenden Marquis halte ich für eine reine Sage.

Oder Mister Morrison aus Sydney, den allgewaltigen Herrscher sämtlicher Hammel von Australien, der von Bord aus an seine Geliebte kabelt, achtzehn Dollar Gold das Wort: „Liebe Sylvia stop möchte Dir nur beiläufig mitgeteilt haben stop ..." Aber diese Mister Morrisons sind immer verheiratet, immer. Ich vermute, daß ein Mister Morrison allein nie auf die ja in der Tat ausgefallene Idee käme, sämtliche Hammel von Australien beherrschen zu wollen. Auf solche Ideen kommen nur die Mrs. Morrisons. Auch ist Mister Morrison immer in Sorge, daß die Hammel sich nicht in wünschenswerter Weise vermehren. Auch Mister Morrison ist nicht magazinfähig. Er ist der erste Diener seiner Hammel.

Lange haben wir die Filmregisseure bekämpft. Wir haben ihnen zum Vorwurf gemacht, daß das Leben nicht so schön sei, wie sie es uns glauben machen wollen. Diese tapferen Männer haben auf ihrem Posten ausgeharrt, einfach und unlogisch. Sie werden recht behalten. Es liegt nicht an ihnen. Einen Vorwurf machen kann man einzig und allein der Realität. Sie ist defekt. Sie ist kompliziert und logisch. Wie sollen wir uns darin wohlfühlen?

Viele Jahre bin ich in den Jagdgründen der Erde auf der Suche gewesen nach einem kleinen Fleckchen wahrer Mondänität. Jetzt hat mich ein freundliches Geschick an die tausendjährigen Mauern von Peking verschlagen. Hier, auf den Trümmern einer erhabenen Vergangenheit, findet der Wunschtraum von hundert Millionen Kinobesuchern jeden Donnerstag um acht Uhr abends statt – Dancing Dinner in einem Grand Hotel.

Schon der Start entbehrte nicht eines gewissen bedeutenden Hintergrundes.

Ich dresse mich. Ich könnte mich ebensogut anziehen. Aber das ist ein Unterschied wie zwischen Speisen und Essen, Wandeln und Gehen. Das eine ist eine Handlung, das andere eine Zeremonie.

In demselben Spiegel, in welchem ich mein Schlipschen zu jenem letzten Flair kaum merkbarer Asymmetrie entfalte, der halbstündige Sorgfalt nicht mehr erkennen läßt, spiegelt sich der kaiserliche Palast. Schwarz stehen die Silhouetten gegen die Westberge, wo die Mingkaiser in ihren Gräbern ruhen, von Ausgrabung täglich bedroht. Der brennend rote Himmel des versinkenden Tages leuchtet um die glasierten Ziegel der Dächer, deren Ecken wieder aufwärts gehen, um zu beweisen, daß der Mensch sich immer so leicht und so souverän fühlen darf, wie Genie und Willkür ihm eingeben.

Ein Schleier liegt in der Luft. Er zeigt an, daß morgen ein Sandsturm diese architektonischen Kostbarkeiten in eine braune Wolke hüllen wird. Die Wolke wird ein wenig untermischt sein mit dem Mist der Kamele, den diese ehrwürdigen Vehikel des Handels und der Zivilisation dem Sand der Gobi jahrhundertelang fleißig beigemengt haben. Doch sind es höchstens 0,001 Prozent – für die Hygiene zu vernachlässigen.

Ein feierlicher Weg führt zur Stätte der zeitgenössischen Lustbarkeit. Es ist ein breiter Weg zwischen hohen Mauern. Alte Bäume strecken ihre Winteräste in den kalten Himmel. Frierende Posten stehen vor den Portalen der Legationen. Zwei großartige Löwen stoßen den Mann im Lackschuh um ein halbes Jahrtausend ins Präteritum zurück. Ein turbantragender Inder hebelt ihn vermittels einer Windfangtüre wieder ins Präsens. Barzahlung, Ramona, siebzehn Gänge, Trinkgeld nach Belieben!

Es wäre zuviel gesagt, wenn man von den Wohlgerüchen Arabiens spräche. Aber die Wohlgerüche der Rue de la Paix sind alle vertreten.

Der Chef des Speisesaales ist mir persönlich behilflich hinsichtlich der Flüssigkeiten. Er weiß, einzeln auftretende Gentlemen sind meist ein wenig melancholisch. Die Melancholie behandelt der Gentleman nicht mit Veronal. Man tut das mit Burgunder.

Zwar das Monokel fiel mir in die Suppe, aber ich hatte noch ein zweites bei mir. Das habe ich an die Kette gelegt. Der Boy ahnte kaum, warum der Master die Suppe mißbilligend ablehnte. Noch weniger ahnte er, daß er mehr als seinen Wochenlohn geschliffen mit von dannen trug; denn ich bin astigmatisch.

Wenn ich das Monokel herausgefischt hätte, dann hätte ich es zwar wieder gehabt. Aber ich hätte mein Gesicht verloren. Wohin alsdann wohl hätte ich das Monokel klemmen sollen? Niemals!

Das Auge geht in die Runde. Das ist der kosmische Augenblick. Man sieht dreißig, vierzig, fünfzig Frauen. Bei diesem Rundblick, den man, hundertfach enttäuscht, schon gar nicht mehr vorzunehmen wagt, muß man zugeben, eine ist schöner als die andere. Die Nationen Europas geben sich ein Rendezvous. Sie bieten ihr Letztes auf, um ehrenvoll abzuschneiden.

Hermeline hängen gelassen von Stuhllehnen herab. Spitzenschals von deliziösem Alter werden achtlos um silbergestickte Taschen gewickelt. Die Eleganz vieler Metropolen wetteifert funkelnd und leuchtend. Oxfordboys plaudern, lässig, blond, charmant. Ihre Smokings sind Schöpfungen der Künstler von Saville Row.

Flirt, Hilarität, Koketterie geben der Atmosphäre Cachet. In einem braunen Schopf eine Agraffe. Was für ein moralischer Mut! Ohnweit sitzt eine Mandschuprinzessin. Man muß schon von einem halben Hummer aufblicken, um die Dignität zu haben, die allein einem erlaubt, eine Mandschuprinzessin zu betrachten. Ich gehe sicher nicht fehl, wenn ich annehme, daß sie auf einen Namen hört wie „Orangenblüte im Frühlingswind".

Die vornehmen Chinesinnen haben aus ihrer alten Tracht eine entzückende Mode entwickelt. Sie sind nicht auf den Ehrgeiz verfallen, sich anzuziehen wie die europäischen Frauen. Sie haben bald gemerkt, daß es ihnen nicht steht. Sie tragen lange, enganliegende Seidengewänder in Schwarz, Gelb oder in einem leuchtenden Rot mit hohem, geschlossenem Kragen. So schweben sie grazil über das Parkett, immer ein wenig erstaunt, noch ungewohnt der neuen Freiheit. Die Schleppe der kostbaren Seide liegt neben dem Stuhl der Prinzessin wie eine kleine Katze. Eine Meile weiter stehen im Mondlicht die Paläste der gestürzten Dynastie.

Beschwingtes Gespräch schwebt durch die wechselnde Beleuchtung des Raumes. Scherze, Gelächter, Konversation. Man berichtet sich von einer Bronze, die man gekauft, oder von einem Proust, den man gelesen hat. Dazu flimmert der alte Schmuck, den die Töchter der Lords schon zur Zeit der Königin Elisabeth trugen. Eine alte Mandarinenkette muß einem gebobbten Girl zur Verbesserung seiner ohnehin schon bewundernswerten Fassade dienen. Der alte Würdenträger, dem der Sohn des Himmels diese Kette einst verliehen hat, würde noch im Grab seine Freude haben, seine Würde so gut placiert zu sehen.

Es gibt hier Männer, die eine Flasche Pommery bestellen, als ob es ein kleines Helles wäre. Dazu erzählen sie von der Marderjagd in Shansi, oder sie plaudern über einige Interieurs von der Krönung des Königs von Siam. Wo wären sie nicht dabei gewesen!

Ich schwebe durch einen Traum, der in Erfüllung gegangen ist. Nur das Bewußtsein eines vieljährigen makellosen Nichtstuns hält mich aufrecht. Der Boy in seinem langen Gewand umschleicht mich auf weicher Sohle und liest mir die Wünsche an den Augen ab. Ich werde bedient. Obgleich ich gerne von dem Boy manches erfragen möchte, was er vielleicht sich denkt, bin ich mir doch meiner Verantwortung bewußt. So zelebriere auch ich feierlich die Gebräuche dieser sakrosankten Lokalität.

Ein Silvergown schwebt vorüber und lächelt mir zu. Ein blondes Lächeln.

Währenddessen intoniert die Kapelle die Wolgaschiffer als Shimmy. Es ist das eine jener Transfigurationen, die dem zwanzigsten Jahrhundert vorbehalten blieben. Man kann nichts dagegen sagen. Vermutlich lassen sich die Schiffe im Onestep bedeutend schneller die Wolga hinaufziehen, als wenn sie auf jeder Fermate ein Stückchen wieder den Fluß zurückschwimmen. Das Saxophon gaukelt von dannen über das vergangene Asien, während die Söhne der Madarine sich bemühen, die Bewegungen eines uralten Zeremoniells mit dem Rhythmus vom Broadway zu synkopieren.

Schließlich, in vorgeschrittener Nacht, hebelt der Mann im Turban den Fremdling gegen geringes Entgelt durch den Windfang aus dem High Life wieder ins Freie. Bleich steht er unter bleichen Sternen.

Es ist unmöglich, in diesem Augenblick zu sagen, wo Schein und Wirklichkeit sich schneiden. Sein oder Nichtsein, das ist keine Frage mehr. Doch sind der Windfangtüre gewisse magische Qualitäten nicht abzusprechen.

Sesam, drehe dich!

Der Seefahrer des Daseins schaukelt von dannen, ein schwarzes, etwas lächerliches, etwas verwirrtes Gespenst. Die Rufe der Wasserträger hallen durch die Nacht, vom Echo zwischen den alten Mauern vielfach wiederholt. Noch immer drohen die Löwen säkular, eine Straßenlaterne zu verschlingen.

Morgen werden wieder die Kamele der Alltäglichkeit gesattelt für den Marsch durch den Sand des Common Life – durch die sublime Atmosphäre von sublimiertem Kamelmist, neuen Oasen entgegen.

## DER EINGESEIFTE TEUFEL

Richtig unterhaltsam wird das Reisen erst, wenn man morgens noch nicht weiß, ob man abends in einem Hotel, unter einem Nußbaum oder in der Gefangenschaft eines Räubers schlafen wird. Alle drei Modalitäten haben ihre Vorzüge. Das Hotel ist zweifellos das Komfortabelste. Nußbaum und Räuber sind dafür romantischer. Von diesen beiden wiederum ist entschieden der Räuber das Vornehmere. Chinesische Räuber nennen sich gerne General. Man kann dann vom Interview mit einem General erzählen. Allerdings wird einem dabei leicht ein Ohr abgeschnitten. Die Räuber haben die Gewohnheit, solche Abschnitte eines Gastes seinen Lieben daheim zu übersenden, um sie zu schnellerer Absendung des Lösegeldes zu ermuntern.

Man muß dabei sorgfältig darauf achten, daß man nicht in eine zu niedrige Taxe gerät. Es ist wenig ehrenvoll, schon für fünftausend Dollar seine Freiheit wiederhaben zu können. Da kann man leicht außer seinem Ohr auch noch das Gesicht verlieren. Ich dürfte damals wochenlang für jeden besseren Räuber fünfzigtausend Dollar wert gewesen sein. Noch heute, nachdem mein Raubwert unter dem Schutz des Berliner Polizeipräsidenten auf Null gesunken ist, ist es mir angenehm, mich dieser wertvollsten Periode meines Daseins zu erinnern.

Geschäftliche Notwendigkeiten veranlaßten mich, eines Tages nach Tsinanfu, der Hauptstadt Shantungs, zu fahren. Unterwegs wollte ich am Grab des Konfuzius Station machen. Die Japaner hatten Shantung gerade geräumt, und es war noch unklar, ob Feng oder Chiang es besetzen oder ob sich bei dieser Gelegenheit ein kleiner Bürgerkrieg entwickeln würde. Dergleichen kann man am leichtesten auf dem Bahnhof erfahren.

Allerdings fragt man dort nicht:

„Wann geht der Zug?" Man begnügt sich mit der chinesischen Fahrplänen angemesseneren Frage:

„Geht heute ein Zug?"

Ich überschritt also den Jangtsekiang bei Nanking, und ich muß sagen, die gelbe Farbe des Wassers erinnerte lebhaft an den Halys.

In Pukow, auf der andern Seite des Flusses, wurde die Abfahrt eines Zuges tatsächlich für vier Uhr nachmittags avisiert. So bezog ich Standquartier auf dem Bahnsteig. Dort traf ich einen früheren Fliegerhauptmann, einen alten Chinalöwen. Wir berieten die Chance. Er klopfte die Shagpfeife an seinem Holzbein aus. Dann beschlossen wir, Informationen einzuziehen. Nun gibt es unter den vielen merkwürdigen Dingen dieses Landes etwas, was ganz besonders rätselhaft ist und was zu entschleiern mir auf keine Weise gelungen ist. Es ist ganz außerordentlich schwer, genaue Nachrichten über irgendeinen Teil des Landes zu bekommen, wenn die Verhältnisse unruhig sind. Die kriegführenden Parteien lassen nur Nachrichten durch, die für sie günstig sind. Aber sonderbar, die gewöhnlichen Leute, die Kulis und Wasserträger, die Bootsleute auf den Flüssen, die Gepäckträger und Rikschas wissen Bescheid. Das gewöhnliche Volk hat irgendwelche unterirdischen Kanäle ausgebildet, durch welche die Nachrichten vermittelt werden. Dieses Nachrichtensystem arbeitet mit unerklärlicher Geschwindigkeit, und die Nachrichten sind immer richtig. Das Problem ist nur, wie man dieser Nachrichten habhaft wird.

Wir schickten also Kundschafter aus, der Hauptmann seinen Boykoch, ich meinen Dolmetscher. Diese Diener haben ein Interesse an der Integrität ihrer Herren. Zahlen tut der Master ja nur, solange er integer ist. Das wissen diese Knechte, und so geben sie sich Mühe.

Nach zwei Stunden kamen sie wieder und meinten, der Zug würde wahrscheinlich in Tsinanfu ankommen. Darauf schlossen wir über diesen Punkt noch eine Wette ab, um uns dann in Ruhe der Fahrkartenbeschaffung zuzuwenden.

Es ist nicht so sehr wichtig, daß man Gesandter von Peru ist. Das ist noch lange keine Garantie dafür, daß man einen Schlafwagenplatz bekommt. Viel wirkungsvoller ist etwa die Tatsache, daß der Boykoch einen Onkel hat, der Boykoch im Eisenbahnministerium ist. Der Boykoch hatte einen solchen Onkel. Wir bezahlten die Taxe und erfreuten uns von da ab des besorgten Wohlwollens des Stationsmeisters. Der Zug ging tatsächlich in der Nacht noch ab.

Das Gebiet der Truppenbewegungen durchfuhren wir ungefährdet. Auch der Zug wirft Taxen nur ab, solange er fährt.

Dieser Zusammenhang ist mehr wert als eine militärische Eskorte. In China wissen die Leute, daß geschlachtete Kühe keine Milch geben.

In Chüfoo, sechs Stunden von Tsinanfu, stieg ich aus. Das ist ein sehr merkwürdiges Gefühl. Auf einmal ist man wirklich mutterseelenallein, allein in dieser weiten Landschaft, ein Mann mit weißer Haut unter den unermeßlichen Millionen der gelben Söhne des Han.

Auf den Schienen rollt der Komfort von dannen. Der Hauptmann winkt noch einmal mit der Shagpfeife. Schließlich kann ein alter Fliegerhauptmann, der elf Gegner abgeschossen hat, nicht mit dem Taschentuch winken. Vielleicht sehen wir uns einmal wieder – in Coney Island, am Titicacasee oder auf dem Tempelhofer Feld. Das kann man nie wissen. Auch müssen wir ja noch unsere Wette liquidieren. Wie ich den Hauptmann kenne, werden wir auf die Grundbedeutung von liquide zurückgehen. Die Grundbedeutung von liquide ist flüssig, aber das Wasser des Titicacasees wird uns nicht liquide genug sein. Ein Pfund Sterling sind ein Dutzend Whiskys mit dem Trinkgeld. Das ist die einfachste Arithmetik der Welt.

Heiß scheint die Mittagssonne auf die vertrocknete Landschaft. Nichts Liquides weit und breit. Das sehr komfortable Hotel, das die deutschen Erbauer der Bahn seinerzeit hierher gebaut hatten, ist nur noch als schwärzlich verrußter Grundriß vorhanden. Die Quadern sind mit deutscher Gründlichkeit gesetzt und werden sicher noch manches Jahrzehnt überdauern. Dafür haben sich im Kreise dreißig kleine Hansöhne und dreißig kleine Hantöchter versammelt und betrachten staunend den fremden Teufel. Diese Kinder sind entzückend. Sie haben fast nichts an, sind unvorstellbar dreckig, bohren sich begeistert in der Nase und haben die schönsten Kinderaugen der Welt, groß, schwarz, glänzend und von einem so abgründigen Staunen, wie man es selbst bei Frauen nur selten bemerkt.

Mein Dolmetscher führt mich wie einen Tanzbären durch die Landschaft in das nächste Dorf. Unterwegs wird die Eskorte immer größer. Allmählich auch geht sie zu munterem Lärmen über.

Nach längeren Verhandlungen mit dem Wirt einer kleinen Herberge erfolgt die Einigung auf der Basis von zweihundert Kupfercashs für die Benutzung einer Ecke seines Hofes zwecks Aufstellung des Reisebetts. Also Nußbaum heute. Doch man soll die Nacht nicht vor dem Räuber loben. Wenn so fünfzigtausend Dollar im Freien herumliegen, kann man nicht wissen, was geschehen wird.

Zur Freude der Einwohnerschaft beginne ich, mich zu säubern. Als die Gummibadewanne mit der Dusche in Erscheinung tritt, wird sofort ein Bote ins Nachbardorf entsandt, um auch die dortigen Einwohner zu diesem Volksfest herbeizuholen. Für chinesische Dorfbewohner ist ein fremder Teufel eine unerschöpfliche Quelle der Komik und des Vergnügens. Kein Grock in der Scala kann das an Wirkung erzielen, was ich erreichte, einfach, indem ich mich rasierte.

Sich vor sechzig bis siebzig Zuschauern zu rasieren ist ein wunderbarer Genuß. Jede Bewegung gewinnt Ewigkeitswert, und endlich einmal hat man Zeit, sich wirklich gründlich einzuseifen.

Mein trefflicher Dolmetscher leitete umsichtig die Regie. Er war sehr stolz. In China ist es nicht nur ehrenvoll, ein großer Mandarin zu sein. Auch der Diener eines großen Mandarinen hat teil an dem Glanze, der von seinem Herrn ausgeht. Auch übernahm er, ein vigilanter Chekiangmann, die schwierige Aufgabe der Replik auf die zahllosen Scherzworte, zu welchen der eingeseifte Teufel das Volk begeisterte. Freude und Heiterkeit wollten schier kein Ende nehmen.

Dann wurde das Essen aufgetragen. Die chinesische Küche ist die vollkommenste Küche der Welt. Wer eine Schwäche für gutes Essen hat, dem sei dieses Land empfohlen. Auf allen meinen Reisen habe ich nirgends so hervorragend gegessen wie in China, nicht einmal in Frankreich. Das Raffinement und die Erfahrung chinesischer Köche sind so außerordentlich, daß noch das unmäßigste Diner von fünfundzwanzig oder dreißig Schüsseln einem glänzend bekommt.

Natürlich wurden in dieser kleinen Herberge keine Haifischflossen gereicht. Aber was der Wirt dieser schlichten Schenke für wenig Geld auffahren ließ, war vortrefflich.

Um dem außerordentlichen Eindruck, welchen der fremde Teufel gemacht hatte, den letzten Schliff zu geben, sang ich nach Beendigung des Diners den „Schwarzen Walfisch zu Askalon". Zweifellos hielten sie das für eine rituelle Handlung. Wenn da je wieder ein Europäer essen wird, ohne nach Beendigung des Diners den „Schwarzen Walfisch zu Askalon" zu singen, wird er sein Gesicht verlieren.

Ich konnte mich mit einem ganz großen Gesicht am Abend unter dem Nußbaum zur Ruhe betten.

Die Sterne flimmerten. Der Nußbaum wuchs die ganze Nacht. Die Hunde bellten rings im weiten Land. Ein einsames Grautier gab von Zeit zu Zeit seine Meinung kund. Mit freundlichen Wünschen für das Wohlergehen der hochgeehrten Räuber schlief ich ein. Als ich am Morgen erwachte, lag ich, bare fünfzigtausend Dollar wert, immer noch im Bett. Nur die Nase war ein wenig kühl geworden. Doch ist mit einer kalten Nase die Freiheit sicher nicht zu hoch bezahlt.

## WIR TAUCHEN UNTER

Ohne Zweifel ist die heroische Landschaft weniger geeignet, populär zu werden, als die liebliche. Auch China hat sein Heidelberg. Wehe dem Volk, das sein Heidelberg verachtet!

Das chinesische Heidelberg ist die altberühmte Stadt Hangchow, in welcher schon die Sungkaiser residiert haben. Sie liegt wenige Tagereisen — heute sogar nur wenige Eisenbahnstunden — südlich von Shanghai in der Provinz Chekiang, der reichsten, fruchtbarsten und friedlichsten von den Provinzen der chinesischen Küste.

Marco Polo erwähnt Hangchow in der anerkennendsten Weise und beschreibt mit ergriffener Feder die phantastischen Feste, welche die chinesischen Kaiser abzuhalten pflegten. Wenn man bedenkt, daß Marco Polo aus dem Venedig des dreizehnten Jahrhunderts kam, wo man doch an allerhand schöne Dinge gewöhnt war, so kann man sich vorstellen, was da geboten wurde.

Viele hunderttausend Pilger kommen jährlich nach Hangchow, um es sich anzusehen. So wie es der Wunsch eines jeden guten Deutschen ist, einmal in seinem Leben den Rhein hinunterzufahren, so ist es der Wunsch jedes guten Chinesen, einmal in seinem Leben mit Kind und Kegel einen Tag lang in einem Hausboot auf dem See von

Hangchow spazierenzufahren, wunderbar gut zu essen und die siebzehn berühmten Perspektiven zu bewundern, welche die chinesischen Lyriker immer wieder mit so viel Begeisterung beschrieben haben.

Wir, der Professor und ich, sitzen auf der Galerie unserer Herberge am Seeufer. Diese Galerie ist gleichzeitig der Flur des Hotels. Die Zimmer münden alle auf diese Galerie. Die Tür besteht nur aus einem einfachen weißen Vorhang. Doch ist man, was Luxus anbelangt, durchaus auf der Höhe. An das Zimmer ist hinten ein Badezimmer angeschlossen. Wenn der Master ein Bad befiehlt, so erscheinen nach einiger Zeit in eiliger Kette sechs Kulis, welche das Dampfende in kleinen Eimerchen heranschleifen, so daß man, ohne zu übertreiben, sagen kann, daß wir laufendes warmes Wasser haben.

Wir sitzen auf dieser Galerie und tafeln. Da wir beide schon über einige Erfahrung in der chinesischen Küche verfügen, so dauert das so ein, zwei Stündchen, und uns ist äußerst wohl dabei. Gemäß den Gewohnheiten des Landes schieben wir einander unter vielen Höflichkeitsbezeugungen prachtvolle Bissen in den Mund.

Gegenüber leuchten in der untergehenden Sonne die lieblichen Höhenzüge der Berge, die den See von Hangchow umgeben. Der See wimmelt von Booten aller Art. Von überallher ertönt die etwas sentimentale Musik chinesischer Geigen, dazu die Frauen mit hohen Stimmen die alten Lieder singen. Zwei fortgeschrittene Studenten lassen ein Grammophon ertönen, aus dem hervorgeht, daß sie gerne am Sonntag mit ihr angeln gehn, ein Tatbestand, der ja auch vor Edisons genialer Erfindung schon ziemlich international war.

Dazu reden wir beide in einer völlig unverständlichen

Sprache. Der Professor ist auch aus Sachsen. Außerdem hat er einen wunderbaren Vollbart, ein Requisit, das in diesem Umfang in China absoluten Seltenheitswert hat und für die Chinesen eine unerschöpfliche Quelle kindlicher Heiterkeit ist.

Dieser Mann, fürwahr, ist ein Kenner Chinas. Vor zwei Jahren hat er sich einmal auf die sächsischen Socken gemacht und ist von Chungking, am Oberlauf des Jangtse, quer durch die Provinz Szechuan bis an die tibetanische Grenze gelaufen, ganz allein. Nur sein Boy hat ihn begleitet.

Während der Himmel langsam verblaßt und eben dieser Boy, mit unseren Gewohnheiten vertraut, ein neues Krüglein von dem trefflichen heißen Wein aus Shaohsing herbeischleppt, erzählt er behaglich von seinen Wanderungen auf und ab im „Lande unter dem Himmel". Und wieder sind wir dem unbeschreiblichen Zauber Chinas verfallen.

Das sowohl Geistreiche wie Bizarre seiner Sitten, dieser unerhörte bunte Menschenteppich, die unvermuteten Liebenswürdigkeiten ebenso wie die überraschenden Bosheiten des täglichen Verkehrs, die Mannigfaltigkeit von Architektur und Landschaft, diese ganze Fülle von Erscheinungen schlägt den Fremden immer wieder in ihren Bann. Es gibt keinen Europäer, der nicht, wenn er länger in diesem Lande lebt, der Magie des chinesischen Lebens verfällt. So unglücklich diese Liebe ist, denn sie ist ganz und gar einseitig, der bohrende Forschertrieb des rationalen europäischen Gehirns findet hier immer wieder neue Dinge zu betrachten, zu belächeln, zu bewundern. Von allen Gesprächen, die Männer beim Weine führen, sind die schönsten die Gespräche alter Chinaleute über das unermeßlich große Land der Söhne des Han.

Der „*Call of the Far East*" der Ruf des Ostens, sitzt tiefer im Blut als die Malaria. Es ist ein Heimweh nach der Ferne. Man könnte es das Fernweh nennen. Vielleicht ist so den Vagabunden zumute, welche Abschied nehmen müssen von der geheimnisvollen Landstraße ohne Ende.

So saßen wir und sprachen und stießen schließlich auf das Paradoxon, daß, so unvollkommen die Kenntnis Chinas auch bei dem Erfahrensten immer sein wird, dennoch die Europäer eigentlich die einzigen sind, die das Land überhaupt kennen. Denn sie sind die einzigen, die es betrachten. Die Chinesen selbst nämlich, sie leben darin, aber sie betrachten es nicht.

Der Europäer bewundert die Manifestationen des menschlichen Geistes, wo immer er ihnen begegnet. Darin liegt einer der Vorzüge der abendländischen Kultur. Darin liegt auch eine ihrer Schwächen.

Der Chinese hat den Begriff Mensch als das, was vor aller Differenzierung liegt, und damit auch als das, was auf die göttliche Natur des Menschen, sozusagen auf seinen kosmischen Hintergrund bezogen ist, noch gar nicht konzipiert. An dieser Stelle scheitern alle Verständigungsversuche zwischen einem Chinesen und einem Europäer.

So einheitlich die Zivilisierung der heutigen Menschheit sein mag, hier steht noch ein Block einer alten Kultur, auf den noch ein kleines Jahrhundert europäischer Regen fallen muß, ehe er anfangen wird, zu verwittern.

Die Boote sind langsam heimgekehrt. Der Wein im Krug ist kalt geworden. Wir gehen schlafen.

Am Morgen besteigen wir ein Auto. Es ist eins von jenen Fahrzeugen, von denen man, wenn man das Kausalgesetz nicht beleidigen will, nicht mehr annehmen darf, daß es von Benzin getrieben wird. Diese alten Fordmodelle haben einen Privatteufel im Vergaser sitzen. Klappernd und dämonisch rasen sie durch die Landschaft.

Nach achtzig Kilometern endet die Landstraße in einem Reisfeld. Hier beginnen die Meilen. So weit ist die Zivilisation gekommen. Wo der Schritt anfängt, ist die Zivilisation keinen Schritt weitergekommen.

Ringsum stehen noch Reklametafeln für Zigaretten und Kindermilch. Das werden die letzten Reklamen sein, die wir für eine Woche sehen werden.

Der Boy geht und mietet die Träger. Es dauert eine Stunde, bis sie kommen.

Wunderbar, wie sie mit abgründigem Sachverstand die Last prüfen. Dann werden die Koffer, Decken und Mäntel verteilt. Jeder Kuli hat auf der Schulter eine Bambusstange, an deren Enden die Lasten hängen. Die Länge der Bambusstange wird so gewählt, daß ihr elastisches Auf und Nieder mit dem Schritt des Trägers in gleichem Rhythmus geht. Man erwäge, welche Fülle von Erfahrung dazu gehört, das mit einem Blick taxieren zu können.

Wir ziehen los durch die kleine Stadt. Unterwegs kaufen wir noch zwei chinesische Regenschirme, das Stück für dreißig Pfennige.

Durch den sinkenden Nachmittag wandern wir nach China hinein. Ein kleiner, gut gepflasterter Pfad führt in vielen Windungen durch die Felder. Hier gibt es keine Straße mehr, keine Automobile, kein Telephon und vielleicht auf hundert Meilen im Umkreis keinen einzigen fremden Teufel außer uns. Für die Zeitgenossen sind wir verschwunden. Das große China hat uns verschluckt.

Kurz vor Sonnenuntergang stehen wir vor der Pforte eines kleinen buddhistischen Klosters. Es ist rings von gelb gestrichenen Mauern umgeben. Dahinter zieht sich ein sanfter Hügel in die Höhe. In einiger Entfernung liegen große Bauernhöfe.

Ich hebe den schweren Messingklöppel und schlage an die Klosterpforte. Es hallt feierlich durch den stillen Abend. Laut und wütend schlagen die Hunde an. Dann öffnet ein Mönch in langer Kutte und fragt uns, was wir wünschen.

Wir haben keinen Wunsch, sondern einen Begehr. Dieser Begehr wird uns erfüllt. Wir dürfen eintreten und sind die Gäste des Klosters, das nach der Lehre des Buddha den Wanderern von der Straße ein Obdach für eine Nacht nicht verweigern darf. So saßen zwei Europäer von der Elbe einen Abend im Frieden des Klosters zur Grünen Jadequelle und tauschten Höflichkeiten mit einem Abt.

Europa war versunken.

## WANDERUNG ZUM KLOSTER DES HIMMELSAUGES

Der Aufbruch aus dem Kloster zur Grünen Jadequelle erfolgte um fünf Uhr in der Früh. Verschlafen und ein wenig ungewaschen standen die Träger mit dem Gepäck im Klosterhof. Der eine hatte noch eine Schale Tee in der Hand, aus der er eifrig schlürfte. Die beiden anderen hatten eine kleine Auseinandersetzung über die Lastenverteilung. Als sie ihrer beiden Master ansichtig wurden, lächelten alle drei freundlich.

Schließlich erschien auch, von dem Lärm des Aufbruchs geweckt, der Gastpfleger des Klosters, um uns den Abschied zu geben. Wir überreichten ihm als Dank für die gewährte Gastfreundschaft ein Geschenk von zwei runden Silberdollars, das der Mönch aber erst nach langem Zureden und vielen höflich verlegenen Abwehrgesten in Empfang nahm.

Endlich kamen auch noch die Klosterhunde, eine verwilderte Sorte von Biestern, die man am ehesten noch mit einem Spitz vergleichen könnte, und bellten uns den Abschied.

So machten wir uns, von Wünschen und Gebell begleitet, auf den Weg.

Der Weg war ein kleiner Saumpfad, mit Katzenköpfen gepflastert, etwa einen oder anderthalb Meter breit. Diese Saumpfade dienen in der Provinz Chekiang einem umfangreichen örtlichen Verkehr sowohl wie einem lebhaften Handelsverkehr über große Entfernungen. Die Waren werden auf den Rücken von Trägern oder Maultieren befördert. An einem Sack Reis, der beispielsweise von Chinesisch-Heidelberg nach Chinesisch-Freiburg auf dem Rücken getragen wird, haben fünf bis sechs Träger teil. Da jeder Kuli eine blühende Familie mit einem Rudel Kinder hat, kann man sagen, daß dieser Sack Reis zwanzig bis dreißig Menschen ernährt, noch ehe er überhaupt aufgemacht wird.

Erfahrene Leute schätzen, daß ein Fünftel der chinesischen Bevölkerung vom Transportgewerbe lebt. Man kann daraus entnehmen, welche Wichtigkeit der Handel hat und wie fein die vorhandene Arbeitsmenge verteilt wird, um die riesige Bevölkerung auf engem Raum ernähren zu können.

Das Tragen ist eine so dominierende Funktion im Leben des Chinesen, daß er in seiner Sprache gar kein Wort für den allgemeinen Begriff tragen hat. Vielmehr unterscheidet er durch eine Reihe besonderer Wörter genau die verschiedenen Arten des Tragens auf dem Rücken, auf den Armen, auf der Schulter, auf dem Kopf.

Der Professor hatte es sich zur Gewohnheit gemacht, jeden Träger und jede Karawane nach Herkunft, Ziel und Ware zu fragen. Da er viele Jahre durch China kreuz und quer gewandert war, besaß er eine ins einzelne gehende Vorstellung von diesem bunten Durcheinander der Warenströme, welche die Ströme des Lebens sind.

Davon erzählte er, während wir durch die Reisfelder dahinwanderten. Von Zeit zu Zeit blieben wir stehen, um einem Raubvogel nachzusehen oder eines der vielen für den Nordeuropäer seltsamen und seltenen Gewächse zu betrachten, die der fruchtbare Boden und die heiße Sonne dieses subtropischen Gebietes in Fülle hervorbringen.

Nach einer Stunde kamen die Hügel auf beiden Seiten näher. Der Weg hob sich ein wenig. An einer Biegung wurde der Blick frei auf das sich verengende Tal, das in der Ferne von dem sechzehnhundert Meter hohen Berg des Himmelsauges abgeschlossen wird. Die Hügel standen in grünem Laub, das mit blühenden Magnolien untermischt war. Nach dem Fluß hinunter fielen in Terrassen die unter Wasser stehenden Reisfelder ab.

Auf dem Fluß, der sich bei dem niedrigen Wasserstand zwischen zwei grauen Bändern von Geröll hinzog, trieben in langen Reihen die Holzflöße talwärts. Eine Brücke spannte ihren graziösen Bogen, die Ufer miteinander zu verbinden. Verstreut im Tal lagen wie Inseln einzelne Bauernhöfe, von Bambushainen umgeben, friedlich mit ihren spitzen Dächern der Sonne sich freuend.

Während wir noch in Betrachtung versunken standen, überholte uns eine Reihe von Maultieren, von ihren barfüßigen Treibern durch mannigfachen Lärm ständig ermahnt. Alle grüßten sie freundlich und betrachteten nur ein wenig verwundert die fremden Teufel, die sich in ihre Landschaft verirrt hatten.

Die Träger baten um eine Pause. So setzten wir uns an einen Hang, der rot war von blühenden Azaleen, und sahen einem Bauern zu, der mit einem Wasserbüffel sein Feld umackerte. Wir sahen ihm lange zu.

Gegen Mittag erreichten wir eine kleine Stadt. Die Brücke über den Fluß mündete in die Stadtmauer. Die Leute nennen sie die Grüne Wolkenbrücke. Gleichwohl waren auf beiden Seiten der Brücke eine Anzahl kleiner Häuschen angebaut, welche man gemeinhin nicht im Brennpunkt des Verkehrs erwartet.

Durch diese sonderbare Schildwache erreichten wir das Stadttor und die einzige Straße der Stadt. Da sie fast völlig überdacht war, war es schön kühl. Wir suchten uns ein Speisehaus. Auf einfachen Holzbänken saßen überall Chinesen, die Tee tranken und redeten und die Tage und die Jahre vorüberziehen ließen, ohne diesem Ablauf eine allzugroße Wichtigkeit beizumessen. Der Wirt kam hinter seinen Kesseln hervor, fett, schlau und freundlich. Wir hatten uns nicht zu beschweren. Die Kunst des Kochens steht in diesem Land so in Blüte und Ansehen, daß man noch in der letzten Kulitaverne auf eine tadellose Atzung rechnen kann. Dazu gab es einen Tee von mehr als durchschnittlicher Qualität. Die rote Erde dieser Täler bringt besondere Sorten hervor. Der Wirt erzählte uns, daß Tee aus dieser Stadt früher an den Kaiserlichen Hof geliefert worden sei, und daß es Sorten gäbe, die hier an Ort und Stelle einen Dollar die Unze kosteten.

Am späten Nachmittag erreichten wir unser Ziel. Das Kloster am Berg des Himmelsauges ist eingebettet in ein Tal, welches etwa in halber Höhe des Bergmassivs beginnt. Wirklich, es ist eingebettet, angeschmiegt der Landschaft, in die es sich in einer unbeschreiblichen und feierlichen Weise einordnet. Die Hallen und Höfe liegen hintereinander, in Stufen den Berghang hinansteigend. In der letzten und höchsten Abteilung liegt die Wohnung des Abtes. Er ist ein sehr heiliger Mann, und der Ruf seiner Gelehrsamkeit reicht weit über die Grenzen der Provinz hinaus.

Unter den Besuchern des Klosters entdeckten wir einen Mönch aus Birma. Er war ein freundlicher alter Mann, der zwei und ein halbes Jahr gewandert war durch ganz Hinterindien, Tibet und Szechuan, das Vierstromland, wo der Omishan, der heiligste von den fünf heiligen Bergen der Buddhisten, liegt.

Als sich im Gespräch ergab, daß auch der Professor den Omishan bestiegen hatte, wurden wir richtig gute Freunde, und der Alte erzählte uns dies und das.

Kein Chinese verweigert einem wandernden Mönch die Herberge. Aber der Pilgrim darf an einem Platz außerhalb der Klöster immer nur eine Nacht bleiben. So war er durch Asien gezogen. Die Räuber haben ihn nicht gestört. Er ist ärmer als der ärmste Räuber. Das schützt ihn besser als eine Leibgarde. Die Räuber zogen es vor, ihn um Segen für gute Geschäfte zu bitten.

Sein Vater war ein Gouverneur gewesen. Er aber hatte ein Gelübde getan, mit der Welt in Frieden zu leben statt in Feindschaft.

Die Nacht brach herein. Eine Stunde saßen wir noch vor unserem Tempel und hörten schweigend auf das Bellen der wilden Hunde ringsumher im Wald. Dann schliefen wir fest und schön auf den harten chinesischen Betten, während die goldene Statue des Bodhisatva durch das Dunkel des Raumes leuchtete.

## DAS GRAB DES KONFUZIUS

Das Grab des Konfuzius liegt in Südshantung inmitten einer weiten Lößlandschaft in der Nähe eines kleinen Landstädtchens, etwa zehn Kilometer östlich der Eisenbahnlinie von Nanking nach Peking. Vom Zug aus bemerkt man von dieser Landschaft eigentlich nur den ungeheuren Staub. Es sieht alles ziemlich öde und trostlos aus. Das Fenster des Speisewagens ist nicht der Platz, von dem aus man sich China ansehen soll. Jegliche Transportgelegenheit, die sich schneller bewegt als ein Maulesel nach dem Mittagessen, gibt falsche Aspekte. Man muß heraus aus dem Komfort und hinein in den Staub. Erst wenn man wirklich vollständig eingedreckt ist und den Geschmack des Staubes auf der Zunge nicht mehr spürt und sich wie die Chinesen daran gewöhnt hat, einen Schluck heißen Wassers als den höchsten der Genüsse zu empfinden, dann sind die Voraussetzungen für den richtigen Aspekt gegeben. Dann wird einem klar, daß diese Landschaft einen ganz und gar heroischen Charakter hat. Freilich, es ist nicht der Heroismus der Schlachtfelder. Es ist der Heroismus der Humanitas. Man weiß natürlich nicht, ob man mit den mancherlei Kenntnissen, welche man hie und da aufgelesen hat, nicht eine Menge Vorurteile miterworben hat. Doch fühlt man, daß man hier auf einem der ältesten Äcker des menschlichen Geschlechtes steht. Gerade die ungeheure Weite und Leere dieser Landschaft, in welcher die menschlichen Siedlungen mit Himmel und Erde zu verschmelzen scheinen, vermittelt den Eindruck einer namenlosen Großartigkeit, unter deren Glanz die Historie tatsächlich einhundert Generationen von Bauern ackern, säen, ernten und sterben ließ.

Überall zwischen den Feldern liegen Grabhügel, grau,

unscheinbar, mit ein wenig Gras bewachsen, ohne Steine und Schilder, Gräber von Bauern, die in dem gleichmäßigen Rhythmus von Saat und Ernte, Geburt und Tod über diese Felder gegangen sind, erhaben und einfach, wie die Sonne im Osten aufgeht und im Westen untergeht. So ist dieses Land ein großer Friedhof, zwischen dessen Gräbern die zufällig Lebenden ihre Äcker bebauen.

Inmitten dieser Gräber liegt das Grab des Konfuzius. Es ist ein weites Gelände, von einer Mauer umgeben. Ganz vergebens sucht man nach irgendwelchen größeren Baulichkeiten. Nichts als ein einfacher Stein bezeichnet die Stätte seines Grabes. Ringsumher liegen Tausende von Gräbern seiner unmittelbaren Nachkommen, welche innerhalb der Mauer begraben sind. Auch diese Mauer hat kaum die Funktion einer Trennung. Sie zeigt nur die Mitte eines Friedhofes an, der sich über einen Kontinent erstreckt.

Dieses Grab ist zweitausendfünfhundert Jahre alt. Einige Meilen weiter, in Chüfoo, residiert der Herzog Kung, ein Enkel des Konfuzius in der siebenundsiebzigsten Generation. Ohne Zweifel ist das die älteste Aristokratie der Welt. Es ist ein Streiflicht auf die geistige Verfassung der modernen Welt, daß man schon versucht hat, diesen Herzog zu expropriieren.

Konfuzius, der seinem Volk eine moralische Verfassung von beispielloser Haltbarkeit gegeben hat, hat die europäischen Geister immer wieder beschäftigt. Es gab Zeiten, in welchen man ihn als einen der größten Weisen gefeiert hat, und es gab Zeiten, in welchen man ihn als einen mittelmäßigen und langweiligen Moralisten bezeichnet hat.

Die Schwierigkeit, seine Bedeutung zu erfassen, liegt vor allem darin, daß aus seinen Schriften sehr wenig zu entnehmen ist. Er hat das zu seiner Zeit in der Überlieferung erhaltene geistige Gut seines Volkes zusammengefaßt und niedergeschrieben. Das wenige, was er selbst verfaßt hat, ergibt nur eine spärliche Ausbeute. Vor allem die von ihm verfaßten Frühlings- und Herbstannalen sind nicht mehr als eine Chronik und noch dazu eine ziemlich dürftige. Die europäischen Gelehrten haben die scharfsinnigsten und geistreichsten Theorien aufgestellt, um diese Diskrepanz zu überbrücken. Ich wage es nicht, über diese Dinge, die von bedeutenden Männern mit einem außerordentlichen Aufwand an Sachkenntnis und Gelehrsamkeit erforscht worden sind, ein Urteil abzugeben. Ein solches Urteil könnte nur sehr oberflächlich sein. Es soll nur, mit aller Vorsicht, einiges angedeutet werden.

Diejenigen Menschen, welche von der Gunst eines freigebigen Schicksals vor die Aufgabe gestellt wurden, den Gemeinschaften, denen sie angehörten, Verfassungen zu geben, hatten die Aufgabe, Normen für das Zusammenleben zu finden. In Europa ist bei solchen Gelegenheiten fast immer der Weg gewählt worden, Gesetze zu geben, deren Geltungskraft abhängig war von einer staatlichen Gewalt, welche diese Gesetze durchzuführen in der Lage war.

Die Chinesen haben einen anderen Weg gewählt. Sie haben für ihr Zusammenleben Normen der Sitte geschaffen. Der Unterschied zwischen Sitte und Gesetz liegt darin, daß die Anerkennung, daß die Sitte gelte, in einer tieferen Schicht der menschlichen Seele statthat. Ihre Geltung wird in einer vor oder unter dem Bewußtsein liegenden Schicht anerkannt, während die Gesetze im Bewußtsein befolgt oder nicht befolgt werden.

Nun behaupte ich nicht, daß es in China kein Recht und in Europa keine Sitte gäbe. Aber sicher haben wir Europäer unser Zusammenleben hauptsächlich auf die Grundlage des

Rechts, die Chinesen das ihre dagegen auf die Grundlage der Sitte gestellt.

Der Schöpfer dieser Grundlage der Sitte in China ist Konfuzius gewesen. Ausgedrückt werden konnten diese Dinge nur in sehr einfachen moralischen Vorschriften oder zum Teil sogar nur in Vorschriften, welche als Riten diese Grundhaltung äußerlich symbolisieren. So kann es sehr gut stimmen, daß Konfuzius ein sehr langweiliger Moralist war – wenn man nämlich seine Vorschriften unter europäischem Blickpunkt betrachtet, wo das Moralische immer nur eine ideelle Geltung im Bewußtsein hat – und gleichzeitig ein großer Weiser, der sich über die Wirkungsmöglichkeiten dieser einfachen moralischen Vorschriften klar gewesen ist. Es ist ein solider Grund, den er den Chinesen gebaut hat. Zweieinhalb Jahrtausende lang ist die Lehre des Konfuzius die Grundlage gewesen, auf der eine Kultur von großem Reichtum und glänzender Mannigfaltigkeit sich abgespielt hat.

Die Verschiedenheit der geistigen Haltung der Chinesen und der Europäer läßt sich mit dieser Sache allein nicht vollständig erklären. Aber jedenfalls kann man mit dieser Sache viele schwierige Dinge in diesem schwierigen Land erklären.

Das, worauf sich die moralischen Vorschriften des Konfuzius hauptsächlich beziehen, ist die Familie. Der Mensch wurde zwiefach eingeordnet, einmal in die lebende Familie, nach einer strengen Rangordnung des älteren und jüngeren Bruders und des verehrungswürdigen älteren Onkels und so weiter, und dann in die Reihe der Generationen durch die Vorschriften über die Verehrung der Ahnen, welche auch nach ihrem Tode am Leben der Familie weiter teilnehmen.

Der Staat hat niemals eine starke, aktive administrative Gewalt ausgeübt. Er beschränkte sich im wesentlichen auf die Überwachung der Integrität der Sitte. Bei einem Vatermord zum Beispiel wurde nicht nur der Mörder bestraft, sondern der ganze Clan wurde bis auf den letzten Agnaten ausgerottet.

So war auch die vollständige Kenntnis der klassischen konfuzianischen Literatur, das heißt also die vollständige Kenntnis von der Wissenschaft der Sitte, die einzige Vorbedingung für die Erlangung einer Beamtenstelle. Ein großer Gelehrter und ein großer Beamter waren dasselbe.

Hauptsächlich an dieser Stelle liegen die Schwierigkeiten des heutigen China. Die Geltungskraft der Sitte hat an vielen Stellen nachgelassen, am meisten in den Hafenstädten, wo die europäische Zivilisation wie eine Stichflamme die alten Bindungen schmilzt. Es ist sehr beliebt geworden, das den Europäern zum Vorwurf zu machen. Es muß dem entgegengehalten werden, daß es hauptsächlich die europäisierten und amerikanisierten Chinesen selbst sind, die unter der Fahne des Fortschritts diesem Zerstörungswerk immer neue Menschen und neue Energien zuführen. Vielleicht ist das ein unvermeidlicher geschichtlicher Ablauf, aber man kann die Europäer nicht dafür verantwortlich machen, daß die Chinesen sich von uns hauptsächlich die Dinge aneignen, von denen wir selbst nur wenig halten.

Die Sitte verliert ihre Geltung. Gesetze, die sie ersetzen können, sind nicht da. Soweit man sie angefertigt hat, fehlt der Apparat für ihre Anwendung. Die Folge ist eine erschreckende tatsächliche und geistige Anarchie. Dieses Phänomen ist zunächst ein Randphänomen. Je weiter man ins Land hineinkommt, mit um so größerer Bewunderung stellt man fest, wie viel von der alten kostbaren Substanz erhalten ist.

Es ist ziemlich klar, daß diese riesige Infektion, die heute erst im Anfangsstadium steckt, dieses Volk noch auf Jahrzehnte hinaus aufs schwerste mitnehmen wird. Niemand kann da eine Prognose stellen. Vielleicht wird der achtundsiebzigste oder neunundsiebzigste Herzog Kung wieder hochgeehrt sein, und die ehrwürdige Grabstätte des Konfuzius wird wieder das Heiligtum eines großen und bewundernswerten Volkes sein.

## 1931

### HAFENMYTHOS

Genua hat von jeher den Horizont meiner Wünsche gefärbt wie die rosenfingrige Eos den Morgenhimmel der homerischen Helden. Es war ein goldener Tag, an dem das Glück mich in die alte Hafenstadt am Tyrrhenischen Meer verschlug.

In Genua gerät man in die alltägliche Gegenwart eines noch nicht erloschenen Mittelalters. Genua ist die Geburtsstadt des Columbus. Es wäre sonderbar, wenn die Historiker das nicht bezweifelt hätten. Aber die Legende stolpert nicht über plumpe Tatsachen. Nirgendwo anders als hier darf der Mann geboren sein, der den neuen Kontinent entdeckte, hier in dieser Stadt, deren kühne Befestigungen die Vermählung des Gebirges mit dem Meere feiern, hier in dieser Stadt, die der Nabel des *Mare Nostrum* ist. Mögen uns die Historiker immerhin beweisen, daß sie recht haben. Es kümmert uns nicht. Die Legende hat in diesem Fall die bessere Pointe.

Dicht drängen sich die hohen Häuser auf engem Raum. Die Straßen sind schmal und voll einer warmen Luft der Beweglichkeit, des Eifers, der Hilarität. Die unbestimmten

Gerüche der Waren, die aus allen Teilen der Welt in den Speichern dieser Stadt zusammenströmen, geben der Atmosphäre das Geheimnisvolle der Ferne, des Unbekannten, des Kostbaren. Die Ausdünstungen der Säcke, des geteerten Holzes, der Häute mischen sich mit Yerba vom Parana, mit Salzfisch, Ananas und Reis aus Karachi und mit Kaffee aus Santos und Java zu einer Symphonia aromatica von köstlichem Reiz für den, der die Nuancen zu unterscheiden weiß. Über allem liegt der Geruch von Meerwasser, Öl und Ruß und diese wunderbare Hitze, in der die Früchte die Köstlichkeit der vollen Reife erreichen.

Die Fassaden der Renaissance- und Barockpaläste der alten Genueser Familien ragen aus dem Getümmel der Straßenschluchten mit ihren Giebeln bis in die Sonne hinauf. Die Reichtümer, die der Handel in die Stadt gebracht hat, haben in diesen Fassaden ihre Wiederauferstehung gefeiert. Die stillen Höfe, in denen Palmen Springbrunnen beschatten, haben etwas vom Zauber maurischer Architektur. Hier wie Jahrhunderte früher in Byzanz traf der Orient mit dem christlichen Abendland zusammen. Der Mohammedaner, der in das Seitenportal von S. Matteo seine Datteln eingebaut hat, ist hier so zu Hause wie der griechische Agent, der armenische Shipchandler, der Heuerbaas aus Amsterdam und die Jollenführer von der Insel Korsika. Die hundert Sprachen der Mittelmeerküste schwirren durcheinander in dem unbegreiflich verwirrten und unbegreiflich simplen Hafenslang, in dem man sich über die Geschäfte verständigt, die das Money bringen, das bei irgendeinem Drink irgendeines Landes in einer der zahllosen kleinen Trattorias am Hafen zur Auszahlung gelangt und an einem Tage oft dreimal verdient wird.

Wenn die Dämmerung hereinbricht, geht man zum Hafenviertel hinunter und pendelt die Straße der Lustbarkeiten entlang, von der Sestiere di Pré bis zur Via di S. Pietro della Porta. Es ist nicht die Pforte des Himmels, welche der heilige Petrus bewacht, es ist die Pforte zu einem irdischen Paradies.

In kleinen Nischen stehen Gartenstühle. Hemdärmlige Wirte reichen die Drinks vom Palmschnaps bis zum White Horse, dem billigen Whisky der Hafenkneipen.

„Let's have what Captain Cook had, when he landed in Australia."

Der nämlich soll auf einem Schimmel ans Ufer geritten sein. Es ist zu seinem Gedächtnis, daß die Matrosen den White Horse trinken.

Sailors schreiten die Straße hinab, breitbeinig und in den Hüften sich wiegend. Das Schifflein ihres ungebrochenen Mutes schaukelt auf dem Monsun des Feierabends in den Hafen der Seligkeit. Mit dem Scharfblick alter Küstenkapitäne kreuzen sie an Würstelbude und lärmendem Orchestrion vorbei, diese Männer, die die Welt zusammenhalten im Taifun des Indischen Ozeans und in der Brandung von Haïti. Ihre Fäuste, groß wie Brote, haben sie in die Taschen vergraben. Ihre Knabenseelen leuchten aus ihren braunen und blauen und schwarzen Augen in Erwartung kindlicher Lustbarkeiten.

Die Mädchen lächeln heiter. Sie wissen, daß das Geld locker sitzt in den Taschen dieser großen Jungen, von denen mancher stolz sich rühmt, die Heuer von Hamburg nach Valparaiso, sechsundfünfzig Tage mit dem Segelschiff an Kap Hoorn vorbei, in drei Tagen auf dem Schiedamsche Deich in Rotterdam versoffen zu haben.

Aus einer kleinen Seitenstraße leuchtet ein Transparent. Nicht weiter als „Nr. 7".

Aber wer kennte nicht Nr. 7!

In Coney Island, in Sankt Pauli, in Chinatown in Frisco erzählt man sich von den gewaltigen Ereignissen, die in Nr. 7 schon sich abgespielt haben. Die größten Seeschlachten des zwanzigsten Jahrhunderts sind in Nr. 7 geschlagen worden. Zweiundfünfzigmal in einem Jahr mußte die Reihe etruskischer Vasen erneuert werden, die auf dem Bordbrett stehen. Unerschütterlich hinter der Theke thront Signora Tullia Pietrangeli. Dieser Felsenengel hat mehr Dinge gesehen in seinem Leben als mancher alte Kapitän, der zwanzig Jahre an der chinesischen Küste auf eigene Rechnung fuhr.

Signora Tullia ist nur bis zur Taille sichtbar. So imponierend das schon ist, erfährt man, daß ihre Raumverdrängung unter der Wasserlinie des blechbeschlagenen Bartisches noch dreimal so groß sein soll. Gesehen hat das noch niemand. Seit zweiundzwanzig Jahren ist Signora Tullia nicht mehr hinter der Theke hervorgekommen. Das letztemal war es zu ihrer Hochzeit. Signor Tullio strandete an der Somaliküste und wurde von Niggern gekillt.

„Hallo, old boy, what do you seek for?"

„Komm längsseit!"

Die Würfel rollen über die Tischplatte, auf der die Ozeane neu sich bilden aus Muskateller, Bier und Saki. Die Seele breitet ihre Flügel aus, die Dollarscheine flattern über die Tischplatte, das Hirn hüllt sich in einen dichten Schleier, die etruskischen Vasen beginnen zu schwanken. Signora Tullias erhabene Züge leuchten magisch durch den Nebel wie die Maske eines Buddhas in einem indischen Felsentempel.

Langsam und grollend beginnt das Meer Wogen zu schlagen. Die Männer erheben einen dröhnenden Song, der durch die Glastüre auf die Straße hinaushallt und neue Seefahrer in den bewegten Hafen lockt. Ein Beachcomber, der schwarz fuhr von Tampico bis nach Nr. 7, ist auf den Tisch gesprungen und dirigiert die kosmische Musik. Ein mystischer Bayer tanzt einen Schuhplattler, der sogar die Göttin im Hintergrund der Höhle in Erstaunen setzt.

Die Wände fallen auseinander. Das Dach fliegt davon wie der Himmelsdrache. Die Welt ringsum versinkt. Fünfundzwanzig Männer fahren in einer Tabakswolke in den Äther, getragen von dem mexikanisch-bayerischen Refrain, der durch astrale Räume grollt als ein Gewitter, das die Ohren der Menschen nicht mehr vernehmen können.

## ÖLTANK UND MADONNA

Tropen sind Natur schlechthin. Es stellt sich heraus, daß Natur schlechthin im Grunde uninteressant ist. Ein Schneeberg irgendwo auf der Erde wird uns niemals etwas anderes entlocken als kalte Bewunderung.

In der Schule lernt man – Pic von Orizaba, 5650 Meter, der höchste Berg Zentralamerikas. Ein glücklicher Oktobertag verschlägt den Wanderer auf die Hochebene von Puebla de Los Angeles, die Stadt der Engel. Weiß und fern strahlt der Berg der Tertia am Horizont. Der Wanderer braucht sich nicht bei der kalten Bewunderung zu bescheiden. Die Sagen der Indios weben um den weißen Riesen, den sie Citlaltepetl, den Sternberg, nennen.

Von See sieht man ihn weither leuchten. Für die spanischen Seeleute des Mittelalters war er das Zeichen, daß die gefahrvolle Reise über den ungeheuren Ozean überstanden war. Mit schöner Bedeutung nannten sie den Berg „Die weiße Taube". Die Hoffnungen von tausend tapferen Männern geben ihm einen mehr als natürlichen Glanz. Mancher gute Seemann hat nichts als das erhabene Bild dieses Berges mit in die Tiefe genommen, wenn er drei Meilen vor der Küste, wie es oft genug geschah, doch noch untergegangen ist. Flüche und Segenssprüche, Gebete und Furcht weben um diesen Gipfel.

Es ist der Mensch, der den Dingen ihren Sinn gibt.

In den eleganten Luxuswagen, die die Pulman Company auf den mexikanischen Bahnen fahren läßt, findet man eine Reklame:

*„Why go to Egypt? There are pyramids in Mexiko! Why visit Reims and Cologne? There are cathedrals a plenty in Mexiko!"*

In der Tat, there are cathedrals a plenty in Mexiko, aber daneben hat das imperiale und kapitalistische zwanzigste Jahrhundert seine Öltanks gebaut.

Dieses Land ist einst von den Spaniern erobert worden, erobert in einem großartigen Sinn. Im Hospital Jesu in Mexiko City hängt das Bild des großen Cortez. Ein ernster Mann mit klugen Augen, melancholisch und nachdenklich, Krieger und Diplomat in einem. Mit sechshundert Mann und vierzehn Reitern ist er in Mexiko gelandet. Die Geschichte dieser Eroberung ist eines der ungeheuerlichsten Abenteuer der Historie.

Kaltblütig hat er die Schiffe verbrennen lassen. Allein stand er mit seinem Fähnlein Tapferer an der Küste eines Kontinents, der fast schon außerhalb der Welt lag. In schweren Panzern mußten sie durch die Fiebersümpfe der Küstenniederungen marschieren. Was für Männer!

Es ist nicht möglich, aus Cortez eine Heldengestalt zu machen. Verrat, Treubruch und die schmählichen Freveltaten seiner Landsknechte werfen einen allzu trüben Schatten auch auf ihn. Vieles natürlich mußte er seinen Soldaten erlauben, was andere Feldherren in anderer Lage ihnen hätten verbieten können. Die rauhen, wilden Kerle, welche mit ihm auf die rauchenden Trümmer der Schiffe blickten, die sie nicht mehr in die Heimat zurückbringen konnten, waren sicherlich von großartiger Tapferkeit. Aber als Lohn wollten sie Gold. Das mußte er ihnen verschaffen um jeden Preis. Als ein christlicher Held hätte er nur zugrunde gehen können. Die Geschichte wäre um eine Legende reicher gewesen. Er zog es vor, ein großer Politiker zu sein, und Spaniens Könige gewannen eine Welt.

Die Peripetie dieses Dramas ist die Nacht, in der Cortez nach der Ermordung des Kaisers Montezuma aus Tenochtitlan, dem heutigen Mexiko City, fliehen mußte. Unter einem uralten Ahuehuetebaum, dem Arbol de la noche triste, der noch heute einsam in der Landschaft steht, hat er gesessen und dem verlorenen Ruhm bittere Tränen nachgeweint. Das Schicksal war ihm günstig. Er durfte die Eroberung des Landes vollenden und wurde der erste Vizekönig von Neuspanien.

Schon mit dieser ersten Generation der Conquistadoren beginnt die zweite und größere Eroberung des neuen Landes. Die fast vollständige Zerstörung der hochentwickelten aztekischen Kultur mögen wir heute bedauern. Sie beweist im Grunde nichts anderes als die innere Sicherheit und Stärke der Eroberer. Sie kamen nicht aus einem dekadenten Europa. Sie kamen aus einer blühenden Hochkultur. Diese Kultur haben sie nach dem neuen Land verpflanzt. Sie haben sogar der Landschaft ihren Stempel aufgedrückt. Den besiegten Azteken gehört unsere Sympathie. Sie ist ein Ressentiment. Das Recht der Eroberer ist kein moralisches, aber in diesem Falle sind es nicht nur die stärkeren Waffen, die zuletzt gesiegt haben. Man könnte sagen, auch die stärkeren Ornamente haben gesiegt. Die Eroberer haben sich zu einem erheblichen Teil mit den Unterworfenen vermischt. Der Mexikaner heute ist katholisch und ein spanischer Mensch mit spanischer Tradition.

Dieser Fall ist einzig. Niemand vermag zu erklären, warum bei den nordamerikanischen Einwanderern, die alle aus alten europäischen Kulturländern stammten, die Tradition abgerissen ist. Sie haben nichts mitgenommen als die Zivilisation. Die Conquistadoren aber haben Spaniens blühende Kultur nach Mexiko verpflanzt.

Schon Cortez legte sich in Cuernavaca, südlich von Mexiko City, eine Hazienda an. Man muß sein landwirtschaftliches Sachverständnis bewundern. Noch heute ist das Tal von Cuernavaca das fruchtbarste von ganz Mexiko und ein wahrer Garten Gottes. Die Spanier haben die Minen des Landes ausgebeutet. Selbst heute, da man die Vorkommen von Edelmetallen mit den modernsten Methoden feststellt, gibt es kaum eine Mine in Mexiko, in der nicht schon die Spanier gegraben hätten.

Das Erstaunlichste sind die Kirchen. Ihre Türme bestimmen das Bild der mexikanischen Landschaft. Vergeblich versucht man herauszufinden, warum ein Hochspannungsmast immer ein Fremdkörper in der Landschaft ist, auch wenn er ästhetische Bewunderung verdient. Die Kirchtürme sind auf rätselhafte Weise gewachsen. Sie sind mit der Erde verbunden und mit dem Himmel. Sie machen aus einer kalten Natur eine vom Menschen bewohnte Landschaft. In der Tat, wenn es der Mensch ist, der den Dingen ihren Sinn gibt, so ist es der Glaube, der dem Menschen seinen Sinn gibt.

Die wirtschaftliche Unvernunft, mit der die Spanier ihr neues überseeisches Weltreich verwaltet haben, ist grotesk. Tatsächlich, durch Reichtümer sind sie arm geworden. Aber sie haben diesem Volk die Religion gebracht. Die kulturelle Kraft der Spanier war so stark, daß sie sogar zur Legendenbildung auf dem neuen Boden ausreichte. Die Heilige Mutter Gottes von Gouadeloupe ist eine braune Madonna. Ihr Bild mit dem Strahlenkranze, vor dem heute die Indios knien, hat sie nach der Legende selbst gemalt.

Die noch in ihren Resten bewundernswerte aztekische Kultur hat Cortez in Mexiko zertrümmert. Aber der Indio glaubt heute an denselben Gott, den Cortez um Sieg für seine Waffen bat. Es gibt genug Leute, die über den Glauben des Mittelalters lächeln. Es sind gewöhnlich diejenigen, die an die alleinseligmachende Wirkung des Exports viel fanatischer glauben, als das Mittelalter jemals an das Kreuz geglaubt hat. Ihnen wurde unterdessen manche Lehre erteilt.

Das reiche Erbe Spaniens ist heute der wertvollste Besitz dieses Landes. Zur Mutter Gottes von Gouadeloupe werden die Mexikaner noch beten, wenn die Öltanks schon längst vom Rost zerfressen sind.

Die Türme der Kathedralen ragen in den blauen mexikanischen Himmel als stolze Zeichen mittelalterlicher europäischer Größe. Wahrhaftig, hier wurde der Anfang gemacht, die Erde für den Himmel zu erobern. Die Enkel haben es nicht weitergebracht, als sie für den Menschen zu verlieren.

Die Steine reden, aber der Mensch kann ihre Sprache nicht mehr verstehen.

Seit dreißig Stunden rolle ich durch fremdes Land. Seit fünf Stunden ist es dunkel. Der letzte, mit dem mich noch menschliche Beziehungen verknüpfen, ist der Mann, der mir die Stiefel putzt. Jetzt bringt er mir von Zeit zu Zeit ein Agavenschnäpschen, schäumend und bitter wie Met. Der Pulmancar ist leer. Nur ein schwarzäugiges Mädchen sitzt in der andern Ecke. Sie ist schön und unnahbar wie Prinzessin Maisblüte. Sie bedarf meiner nicht. Prinzessin Maisblüte liest Lady's Home Journal. Seit dreißig Stunden.

Die Stadt, in die ich fahre, liegt 2300 Meter hoch. Sie hat eine Million Einwohner, und von dieser Million kenne ich nicht eine einzige Seele. Zudem kann ich von der Sprache auch nicht ein einziges Wort. Meine Lage entspricht etwa der eines Chinesen, der eine Woche seines Lebens nach Hamburg käme und für drei Tage nach Budapest führe. In Budapest wird der Chinese sich einsam vorkommen. Nun, ein Sachse in Tenochtitlan wird nicht weniger einsam sein.

Am Bahnhof überfallen mich die Kolliknechte, wilde Mestizensöhne, die aussehen, als ob sie einem nur die Wahl ließen, entweder die Koffer herzugeben oder das Leben. Ich habe gar keine Koffer. Zur Erforschung eines neuen Erdteils sind eine Aktentasche und ein Strohhut völlig ausreichend. So stehe ich denn bald allein auf einem großen Platz, auf dem ein steinerner General mutig in die Schlacht reitet, die ganze Nacht hindurch.

Eine Million fremder Menschen sind rings um mich herum. Sie arbeiten oder faulenzen. Sie lieben oder hassen. Sie stehen am Bett des neugeborenen Knaben oder am Bett des alten Mannes, der sterben will. Sie sind arm und glücklich oder reich und unglücklich, und vielleicht ist sogar ein reicher Mann dabei, der glücklich ist. Wie kann man das wissen? Das tausendfache Netz der menschlichen Gemeinschaft spannt sich über die nächtliche Stadt, und die Engel knüpfen die Fäden wieder, welche die Menschen am Tage zerrissen haben.

Der reitende General betrachtet mich mit Verwunderung. Ich winke ihm herzlich mit meinem Strohhut zu. Loyal grüßt er mit seinem Degen zurück. So habe ich, fremder Mann in fremder Stadt, nach einer Viertelstunde schon meinen ersten Freund. Wir werden einander wohlgesinnt bleiben bis ans Ende unseres Lebens, obwohl wir von einander nicht einmal die Namen wissen.

Dann gehe ich der Nase nach. Sie ist der beste Kompaß der Welt, wenn sie nur ein bißchen riechen kann. Die Leute, die noch auf der Straße sind, bleiben stehen und bestaunen die Butterblume auf meinem Haupt. Ohne Zweifel, in 2300 Meter Höhe ist sie eine botanische Rarität. Von Zeit zu Zeit grüße ich freundlich jemanden. Ich muß es den nächtlichen Passanten von Tenochtitlan lassen, es sind höfliche Leute. Sie grüßen alle freundlich wieder.

Der dicke Wirt hingegen staunt nicht. Seine Menschenkenntnis sagt ihm, daß ein Mann, der nachts mit Strohhut im Hochgebirge reist, wahrscheinlich Pesos reichlich hat. So führt er mich in das beste Zimmer seines Hauses. Das liegt oben auf dem Dach.

In undurchdringlichem Dunkel bin ich in dieses Hochtal eingefahren. Jetzt ist der Mond aufgegangen über den fernen Bergen und leuchtet über einer Landschaft, wie sie feierlicher und erhabener nicht gedacht werden kann. Auf der einen Seite liegen die Schneeriesen. Der eine ist der rauchende Berg, der Popocatepetl, der andere die weiße Frau, der Ixtaccihuatl. Die weiße Frau sieht man liegen unter ihrem Bahrtuch von ewigem Schnee. Die Sage geht, sie sei eine schöne Königstochter gewesen. Als sie starb, habe ihr Geliebter sich in den rauchenden Berg eingeschlossen. Wenn der Schmerz ihn überkommt, tanzt er den Tanz der dreizehn Steine in der Tiefe des Berges. Der Berg fängt an, Feuer zu speien, die niemals erlöschende Liebesglut eines Königssohnes nach Tausenden von Jahren.

Zwischen den beiden Bergen liegt die Stelle, von welcher aus Cortez zum ersten Male das Hochtal von Mexiko erblickte und Tenochtitlan, die Wasserstadt, die Königin der Städte, schön und stolz wie Venedig, eine Lagunenstadt, die von den Göttern für ihren Hochmut allzu hart bestraft werden sollte. Der See ist heute verschwunden. Von den stolzen Bauten der Azteken ist fast nichts mehr erhalten. An der Stelle des Schlangenbergtempels, wo dem Kriegsgott Huitzilopochtli die Menschenopfer dargebracht wurden, manchmal zwanzigtausend Kriegssklaven in einem Jahr, erhebt sich heute die riesige Kathedrale von Mexiko City, die mit Gold und Glanz und Pracht den Heiden die Macht des Kreuzes beweisen sollte.

Jenseits des Sees von Texcoco, der als einziger von den Seen der Hochebene noch erhalten ist, liegt das Tal von Teotihuacan mit den Pyramiden aus der Toltekenzeit. Auch die Azteken schon haben eine hochentwickelte Kultur vorgefunden, als sie aus dem Norden hereinbrachen wie die Cimbern und Teutonen in die Ebenen Norditaliens. Kulturschicht über Kulturschicht bedeckt den Boden dieses Landes, eine geschichtliche Stätte der Menschheit. Sie hat den Jammer gesehen und die Macht, den blühenden Frieden und den unerbittlichen Krieg, die Tapferkeit der indianischen Helden und der spanischen Ritter, den Fleiß der

Bauern und das Glück der Mütter. Sie hat den Jubel der Blumenfeste für die Götter gehört und das Angelusläuten der Kirchen, das den Menschen den Frieden bringen will.

Im Himalaja und in den Grenzgebieten Tibets gibt es Täler, welche noch nie eines Menschen Fuß betreten hat. Sie können nur Schauer erwecken. Hier hat der Mensch seine Spuren in das Gesicht der Erde eingegraben. Weit dehnt sich die riesige Stadt. Im Nebel der Ferne verschwinden die Vororte mit ihren steinernen Klöstern und ihren bescheidenen Indiohütten. Zwei niedrige Hügel nur heben sich aus dem weißen Schleiermeer. Den einen krönt der Friedhof von Tepayec, auf dem die Mönche ruhen, die der wundertätigen Madonna von Gouadeloupe ein Leben lang gedient haben. Der andere trägt das Schloß von Chapultepec. Hier thronte Montezuma, der „Zornige Herr", der letzte Kaiser der Azteken. Dann wohnte Cortez da, dann die Vizekönige von Spanien, dann der Kaiser Maximilian, und heute residieren da die Präsidenten der Republik.

Zwischen den beiden Residenzen der göttlichen und der weltlichen Macht liegt die schlafende Millionenstadt mit ihren hundert Türmen, die sanft im sanften Mondlicht leuchten. Die Söhne der Azteken und die Söhne der Conquistadoren bauen heute ein neues Reich. Die letzten Nachkommen Montezumas aber, die an den spanischen Hof geholt und in den Adelsstand erhoben wurden, und der letzte König aus dem alten Hause Habsburg irren heimatlos umher in einer Welt, die aus den Fugen gegangen ist.

„Wie heißen Sie?"

„Rosinski."

„Vorname?"

„Josef."

„Alter?"

„Dreiunddreißig Jahre."

„Was wollen Sie eigentlich hier an Bord?"

„Ich will nach Indien fahren."

„Na ja, und was wollen Sie denn da?"

„Da soll was zu machen sein."

Da steht also Josef Rosinski und will nach Indien. Er ist schwarz von oben bis unten. Man hat ihn eben aus dem Schornstein geholt. Er zittert an allen Gliedern vor Angst. Er meint, zunächst einmal werde er Prügel bekommen. Er weiß aus bitterer Erfahrung, wie rauh die Beförderungsgebühren sind, die das Leben fordert.

In der Tat, früher wurde jeder Einsteiger, der an Bord gefunden wurde, erst einmal gründlich vertrimmt. Das ist aus der Mode gekommen. Rosinski kommt langsam zu sich, als er merkt, daß er keine Prügel bekommen wird.

Er hat eine braune Manchesterhose an, ein Netzhemd und eine Jacke von einem grauen Konfektionsanzug, die ihm zu klein ist. In der Tasche hat er seine Arbeitspapiere. Der Erste Offizier nimmt sie in Verwahrung. Mit einer unsichtbaren Kette ist Rosinski an das Schiff gefesselt. Ohne Papiere kann er nicht wieder auskratzen. Ein Mensch ohne Papiere ist ein Paria, ein Ausgestoßener, im Zweifelsfall ein Mörder und immer verdächtig. Die Papiere von Rosinski sind in Ordnung.

Dieser Mann hat keinen Pfennig bares Geld in der

Tasche. Nun will er nach „Indien", weil da was zu machen sei. Man muß ihn sich genau betrachten. Aber vorher muß man ihn waschen.

Rosinski, gewaschen, steht da, breitbeinig, großer Kerl, gewachsen wie ein Licht, bärenkräftig, tadellos gesund. Man braucht da nichts mehr zu fragen. Der Kerl, der da steht, das ist ein Bauer. Man kann um ihn herumgehen wie um einen Berg. Freilich, er steht nicht auf einem Acker, sondern auf dem schwankenden Boden eines Schiffes, das über den Atlantik fährt.

Er hat ein richtiges Gesicht. Breite, kräftige Kinnladen, große anständige Nase, kleiner, gut geformter Schädel. Er sieht nicht unintelligent aus. Aber freilich, da ist noch etwas, was man schwer beschreiben kann. Etwas Unerwecktes, Dumpfes. Wahrscheinlich ist er gutmütig und von großer Langmut. Ebenso wahrscheinlich ist, daß er im Zorn seinen Feind nicht verklagen, sondern erschlagen wird. Das ist kein wacher Rationalist, sondern ein Mensch mit starken Instinkten, die in ihm wirken, ohne daß er viel davon weiß.

Drei Jahre war er Soldat. Er ist geboren in der Provinz Posen. 1917 eingezogen, 1918 Infanterist in Frankreich. Als er nach Hause kommt, ist seine Heimat polnisch geworden. Rosinski, der Infanterist Rosinski, weiß genau, was er zu tun hat. Er optiert für Deutschland.

„Warum?"

„Ja, das is man nix mit die Polen."

Dann kommt er zur Reichswehr. Zwei Jahre Grenzdienst in Ostpreußen, dann wird er entlassen. Rosinski, Josef, dreiundzwanzig Jahre, muß wandern. Ein Ostdeutscher, der seine Heimat verloren hat, geht auf die Wanderschaft nach einem Ziel, von dem er selber noch nichts

OLAF GULBRANSSON 48

weiß. Wie viele Tausende sind es, die mit ihm wandern! Wer begegnet ihnen? Ich habe Josef Rosinski getroffen, und es soll genau und ordentlich darüber berichtet werden.

Im Anfang geht's ganz gut. Rosinski wird Heizer auf einem schwedischen Ostseedampfer, der zwischen Skandinavien und Danzig fährt. Nach zwei Jahren wird er entlassen.

„Warum?"

„Tja, da wurden viele arbeitslos in Danzig, und da war keine Arbeit mehr zu kriegen."

In Genf sitzen sie und reden. Josef Rosinski aber hat seine Arbeit verloren. Er weiß nichts von Genf. Er hat Hunger.

Er findet einen Balten, der mit fünfzehn Mann nach Argentinien will. Josef Rosinski, der Knecht, hat wieder einen Herrn gefunden. Er ist glücklich. Da ist einer, der für ihn die schwierigen Sachen weiß, die ein Bauer aus dem Posenschen nicht wissen kann. Mit seinen großen Fäusten packt er zu. Viehhirt in den Pampas. Vierzehn Stunden Arbeit am Tag, knappe Kost, wenig Geld. Nachts schlafen sie auf dem harten Boden. Ehe sie mal ein Mädchen zu sehen bekommen, vergehen Monate. Das macht ihm nichts aus. Der Bauer Rosinski tut wieder Bauernarbeit.

Er ist zufrieden. Sein guter Schweiß tropft in den Boden Argentiniens. Die da drüben dürfen sich wahrhaftig glücklich schätzen, daß sie den Rosinski haben. Aus dem Schweiß des Bauern wächst mehr als nur Exportüberschuß.

Doch über Rosinski waltet das Schicksal selbst. Schließlich ist er ein Deutscher. Eines Tages war es aus. Sie mußten weg.

„Warum?"

„Ja, der Herr konnte nichts mehr verkaufen, und da kamen sie aus der Stadt und haben alles übernommen."

Weltkrise, Rohstoffbaisse, Kreditnot und wie das alles heißt. Rosinski weiß wenig davon. Er hat Hunger. Er sitzt arbeitslos in Buenos Aires, klettert auf ein Schiff und kommt irgendwo wieder an Land. Es war Spanien. Rosinski hat gar nicht gewußt, wo das Schiff hinging. Von Spanien schlug er sich durch nach Holstein. Er schlug sich durch. Das bedeutet Hunger, Staub auf der Landstraße, illegalen Grenzübertritt, einem Werber der Legion mit dem Handgeld durchbrennen. Josef Rosinski wandert über den Kontinent seinem unbekannten Ziel entgegen. Er weiß nicht einmal, wie tapfer er ist.

In Holstein findet er wieder Arbeit beim Bauern. Aber dann soll er in die Partei eintreten, irgendeine Partei, die da gerade Macht hat. Der Bauer kann ihn nicht halten, wenn er sich dem Druck nicht fügt. Josef Rosinski, der Bauer aus dem Posenschen, der nicht weiß, wie tapfer er ist, weigert sich. Das paßt ihm nicht. Er nimmt seinen Hut und geht. Mehr als einen Hut zu nehmen, hat er nicht. Hat dieser Kerl nicht etwas getan für die Freiheit und die Würde des Menschen?

Nun ist er arbeitslos.

„Wenn man betteln kann, dann geht's. Ich kann nicht betteln."

Wer dürfte es auch wagen, diesem Berg von einem Menschen einen Groschen zu schenken? Er müßte sich schämen dabei.

Rosinski ist nun dreiunddreißig Jahre alt. Arbeit gibt's nicht mehr für ihn.

„Wie sind Sie denn auf Indien gekommen?"

„Tja, zwei, die sind rüber mit der Nordmark. Die sind durchgekommen und haben geschrieben, da ginge es. Ich sollte auch kommen."

Die „Nordmark" fährt nach Holländisch-Indien, dieses Schiff nach Zentralamerika. Josef Rosinski hat Ostindien mit Westindien verwechselt. Ein schauerlicher Witz! Jedenfalls hat er noch nie eine Landkarte gesehen. Es nützt ihm nichts, daß der gleiche lächerliche Irrtum vor vierhundert Jahren die Begründung des spanischen Weltreiches zur Folge hatte.

So trabt dieser Mensch über die Kontinente und sucht. Er ist kein Abenteurer. Daß er etwas erlebt hat, das weiß er gar nicht. Er ist ein thumber Tor, ein Deutscher aus dem Osten, der für sein Land getan hat, was von ihm verlangt wurde. Das Land kann es ihm nicht wiedergeben. Es ist arm und hat nichts. Josef Rosinski rechnet das nicht nach. Er sucht nicht das Geld und nicht den Erfolg. Er sucht nur das Stück Acker, in das der Mensch seinen Schweiß säet, um den Frieden der Seele zu ernten.

Zu Tausenden wandern sie so über die Erde und wissen nichts von den Heldentaten, die sie verrichten, unbekannte Soldaten in einem Kampf, wie die Geschichte ihn hartnäckiger kaum je gesehen hat. Tausende gehen vor die Hunde, werden verscharrt irgendwo in fremdem Lande. Ihre Gräber haben keine Kreuze.

Josef, der tapfere Mann, wird es schaffen. Er ist zäh wie ein Wasserbüffel und stark wie ein Bär im Gebirge. Einen ganzen verlorenen Krieg trägt er auf seinem breiten Buckel. Er ist ein Bauer aus dem deutschen Osten. Den kann man nicht irre machen.

So stapft er mit seiner Last durch den Dreck dieser Welt, bis er sein Ziel erreichen wird in Columbien, in Canada, irgendwo, ein deutscher Bauer und ein tapferer Soldat des Lebens, Rosinski, Josef, dreiunddreißig Jahre.

Ob ein Seemann eine Empfindung von der Schönheit des Meeres hat, habe ich niemals herausfinden können, obgleich ich viele Seeleute kenne und einige davon meine Freunde sind.

Seeleute sind gute Menschenkenner. In einem Alter, in dem andere noch nicht richtig sehen gelernt haben, haben sie schon beobachten gelernt. Infolgedessen sind sie vollkommen vertraut mit der Vorstellung, welche die Leute gemeinhin von den Seeleuten haben.

Der Seemann ist zartfühlend genug, rauh wie ein Seemann zu sein und seemännische Anschauungen zu haben. Es gibt über seemännisches Verhalten und seemännische Anschauungen eine umfangreiche literarische Überlieferung. Der Seemann braucht sich ihr nur anzupassen, um alle Vorstellungen zu befriedigen.

Wenn er das eine Weile betrieben hat, bekommt er nicht nur Übung, sondern er entdeckt auch, daß er unter diesem Mimikry seine Ruhe hat. Wie in aller Welt soll er einem Mann, der soeben bei Kap Finisterre seinen ersten ordentlichen Sturm hinter sich gebracht hat und nun die Sonne hinter den Azoren untergehen sieht, wie soll er dem begreiflich machen, daß der Anblick des goldenen Feuers, das Apoll über die Dünung, diese große epische Geste des Meeres, ausgießt, in ihm keinen anderen Wunsch auslöst als den nach einem friedlichen Kontorsessel, von welchem, um fünf Uhr nachmittags aufstehend, er nach Hause entschreiten kann zu Weib und Kind. Es ist unmöglich, das dem Bewunderer Apolls begreiflich zu machen. So schweigt der Seemann in die goldene Abendsonne, welche nur für Passagiere untergeht.

Aber da sind die Kanarienvögel, und die piepsen das Geheimnis nach Lee. Nach Luv können sie nicht piepsen, weil sie vor Zugwind sorgfältiger geschützt werden als kranke Säuglinge. Wenn man auf der windgeschützten Seite das B-Deck entlanggeht, hängt vor jeder zweiten Kabine ein Vogelbauer mit einem Kanarienvogel drin. Man geht durchaus fehl, wenn man annimmt, daß diese Vögel von den Kanarischen Inseln stammen, obgleich sie da auf den Bäumen wachsen und für ein Geringes zu erwerben sind.

Versuchen wir, das Geheimnis zu lüften. Betreten wir die Kabine des Schiffskochs. Man vergißt so leicht, daß die Seefahrt nicht nur aus Sturmlied, Nebelhorn und Delphinenspielen, sondern auch aus Frühstück, Mittagessen und Abendbrot besteht. Die Kabine des Schiffskochs atmet biedere Behaglichkeit. Es bedarf kaum der Erwähnung, daß der beste Whisky an Bord beim Schiffskoch zu haben ist. Schiffsköche studieren die Völker vom Magen her. Außerdem finden sich schöne Kissen, saubere Vorhänge, eine gestickte Tischdecke und eine Pelargonie, welche mit Drähten gegen den Zorn Neptuns gesichert ist. Kurz, wir kommen uns vor wie im gemütlichen Heim eines Siedlers auf dem Lande. Der Anblick des glitzernden Meeresspiegels, den wir durch die offene Kabinentür genießen können, macht den Eindruck eines in den Farben übertriebenen, aber perspektivisch wohlgelungenen Wandgemäldes.

Der Schiffskoch verrät uns, daß die Kanarienvögel von den Kanarischen Inseln nicht besonders schön singen könnten und daß für einen Seemann, der auf sich hielte, nur ein echter Harzer Roller in Frage komme. Hier entdeckt man, daß auch der Seemann auf seine Weise mit der Natur verbunden ist. Die Umwege des menschlichen Herzens sind von jeher sonderbar gewesen. Doch sind die verwickelten

Gefühle, die ein Seemann für seinen Kanarienvogel hegt, jedenfalls echter als die simplen Gefühle, die die Dichter bei ihm hinsichtlich der Majestät des Meeres vermuten.

Wir bleiben nicht allein. Auch der Zahlmeister und der Erste Offizier schätzen die gemütliche Atmosphäre bei unserem Wogensiedler, dessen kleines Weekendhaus durch den Atlantik schwimmt, fern von den Küsten der Menschen. Der Zahlmeister zeigt uns höchst kunstvolle Photographien, die er selbst gemacht hat und die wir gebührend bewundern. Es handelt sich allerdings nicht um Affen auf Mangrovenbäumen oder um den Palast eines Fullahkönigs an der Westküste, sondern um eine Kuh, die er zu Hause auf seiner Wiese in Holstein stehen hat. Eine Kuh . . .!

Träumerisch blicken die Männer vom Meere auf das Glitzernde hinaus. Das Geheimnis im sanften Auge einer Kuh erscheint ihnen tiefer und bedeutungsvoller als alle Geheimnisse in den Tiefen des Ozeans. Man sieht, daß Seeleute keineswegs frei von romantischen Vorstellungen sind. Es muß schon ein sehr oberflächlicher Betrachter sein, der sich wundert, daß auch des Seemanns Träume sich nicht dort abspielen, wo der Seemann sich befindet.

Einmal Sydney zu sehen, das ist ein Traum. Aber wenn einer vierundzwanzigmal in Sydney gewesen ist und jedesmal keine Zeit gehabt hat, an Land zu gehen, dann kann man von ihm nicht mehr verlangen, von Sydney zu träumen.

Als wir von Le Havre ausliefen, stand ich neben dem Ersten Offizier auf der Brücke. An dieser Stelle mündet die Seine ins Meer. Es war gegen Abend.

Die Flüsse sind hinsichtlich ihres Lebenslaufes bei der Schöpfung besser weggekommen als wir. Am Ende ergießen sie sich ins Meer. Diese noble Geste des Abgangs hat kein

Fluß auf der Welt zarter zustande gebracht als die Seine. Sie tut es zwischen sanften Hügeln, über welche die Lichter menschlicher Behausungen einen Sternenteppich breiten. Sie tut es auf eine leise, unauffällige Art. Selbst das Kleid von smaragdenem Grün, das sie, weil sie ja schließlich eine Frau ist, für diese letzte Meile angelegt hat, ist diskret. Nur die Sonne läßt es noch einmal aufleuchten in großem Golde.

Dazwischen geht strichweise ein feiner Regen nieder. Ganz langsam schiebt sich das Schiff durch die mit Lichtern markierte Fahrrinne. Weit draußen auf der spiegelglatten Fläche liegen einige Fischerboote. Es scheint, als ob Engel den Himmel wie einen Baldachin an seinen Zipfeln über diese Stunde zwischen Hell und Dunkel halten. Wir alle betrachten schweigend diesen Traum von irdischer Vollkommenheit. Nur der Lotse gibt seine Kommandos in die Stille hinein.

Wenn ich ein Seemann gewesen wäre, hätte ich das Maul gehalten. Aber die Neugier plagt mich. So frage ich den Ersten Offizier:

„Nun, sagen Sie, ist das nicht wunderbar?"

„Was ist das? Wunderbar? Schiet is'! Regnen tut's, und die ganze neue Ölfarbe am Schornstein ist hin."

Da war mir natürlich recht geschehen. Niemals wieder werde ich einen Seemann nach der Schönheit des Meeres fragen.

Später, wenn den Männern vom Meere ihre Träume in Erfüllung gegangen sind, wenn sie den „Job an Land" haben oder auf der Wiese in Holstein stehen und der Kuh ins sanfte Auge blicken, dann werden sie zu träumen anfangen von dem nächtlichen Himmel über dem Äquator, von den feierlichen Abendchorälen der Neger auf der Back, von dem Pfeifen des Windes in den Verspannungen der

Maste, von dem erhabenen Bild der Sonne, die über dem Horizont heraufsteigt und hinter ihm hinabsinkt, von den Hafeneinfahrten in Rio, Hongkong und New York. Dann wird die alte Melodie des Ozeans durch ihren Schlaf rauschen und ihre Herzen mit Sehnsucht erfüllen. Dann auch wird ihnen eine Ahnung aufgehen, daß ihr Leben einen guten Sinn gehabt hat, auch wenn sie nichts wissen von einer Größe, um derentwillen sie zu bewundern wir so viel Grund haben.

## POINTE NOIRE

Die Mündung des Kongo, eines der größten Flüsse der Erde, ist eine geographisch höchst vertrackte Angelegenheit. Der Kongo liegt in seinem ganzen Ober- und Mittellauf auf belgischem Gebiet. Im unteren Drittel bildet er die Grenze zwischen Belgisch-Kongo und Französisch-Äquatorial-Afrika. An der Mündung ist zwar ein schmaler Streifen seines Nordufers noch belgisches Gebiet, das Südufer aber Portugiesisch-Angola.

Das brauchte die Belgier nicht allzusehr zu stören. Aber einhundertfünfzig Meilen von der Mündung aufwärts machen die Livingstonefälle den Strom für die Schiffahrt unpassierbar. Oberhalb der Fälle liegt auf dem belgischen Ufer Leopoldville, gegenüber auf dem französischen Ufer Brazzaville.

Die Belgier haben schon vor langer Zeit eine Bahn von Leopoldville nach Matadi gebaut, unterhalb der Livingstonefälle, etwa hundert Meilen landeinwärts von der Mündung. Dieser Hafen kann von großen Seeschiffen angelaufen werden, denn die Flut des Ozeans geht von der Mündung einhundertzwanzig Meilen den Strom hinauf. Damit war die Frage geklärt, wer den Umschlag des Handels von diesem riesigen Stromgebiet auf das Meer in die Hand nimmt.

Jetzt haben die Franzosen eine Bahn gebaut von Brazzaville nach Pointe Noire, das an der See liegt. Diese kurze Bahn, kaum vierhundert Kilometer lang, verbindet das riesige Hinterland des Kongo unmittelbar mit dem Meer. Der Plan ist, den Handelsumschlag vom Strom zur See über einen französischen Hafen zu leiten.

Pointe Noire ist wahrhaftig eine dunkle Sache. Aber in zehn Jahren wird es einer der großen Häfen Afrikas sein.

Noch weht afrikanischer Staub über die Pläne der Zukunft. Ein Bahnhof steht schon da mit einem prächtigen, riesengroßen Vorplatz. Einige Neger kreuzen in der brütenden Mittagshitze die leere Pracht wie Fliegen, die über eine Fensterscheibe laufen, deren Bedeutung sie nicht kennen.

Draußen am Hafen wächst die Mole, täglich dreiviertel Meter, für welche täglich tausend Tonnen Stein in das unergründliche Meer geschüttet werden. Millionen werden ins Wasser geworfen. Diese Mole wird aus einer beliebigen Bucht an einer beliebigen Küste einen modernen Hafen machen. Der Staub der afrikanischen Wüste wird vom Zementstaub besiegt werden.

Neben den prächtigen Bahnhof haben die Franzosen ein prächtiges Hotel gestellt. Noch ist es leer. Morgen können vierhundert Gäste einziehen. Sie werden alles haben, was man von einem Grand Hotel verlangen kann.

Unweit des Hafens steht, der Stolz von Pointe Noire, der Pavillon Bleu. Eine Jazzband zelebriert die allerneuesten Synkopen. Die Europäer tanzen unter dem funkelnden Tropenhimmel in der leichten Brise des Abends. Tausend Meilen nach Norden und tausend Meilen nach Süden ist dies die einzige Jazzband weit und breit.

Sanft tropft der Schweiß auf dreißig Quadratmeter Mondänität inmitten der weiten Öden dieser Küste. Aus den Schweißtropfen Europas wachsen Lagerschuppen, Kräne, Villen, Klubs, Bankhäuser und Kinos.

König Midas geht mit steifem Kragen durch den afrikanischen Sand. Wo sein Lackschuh hintritt, verwandelt sich der Sand in Gold.

## QUARANTÄNE

Accra ist die Hauptstadt der Goldküste. Es hat sechzigtausend Einwohner. Es liegt malerisch an einem Berghang. Es wird im Osten flankiert von dem alten Schloß Christiansburg, das 1623 von den Portugiesen gegründet und später von den Dänen ausgebaut wurde, von denen es seinen Namen hat. Jetzt ist es die Residenz des Gouverneurs der Goldküste.

Diesen prächtigen Platz bekommt der Reisende diesmal nur von weitem zu sehen. Die Schiffe liegen draußen auf Reede. In der Stadt ist Gelbfieber vorgekommen. Wenn Europäer es bekommen, sterben sie fast immer daran. Aber Europäer bekommen es fast nie mehr, und Neger bekommen es nur noch sehr selten. In dem heldenhaften Kampf des weißen Mannes mit den Mikroben ist die Schlacht um das Gelbfieber eine seiner großartigsten Taten. Man mag diesem neunzehnten Jahrhundert vorwerfen, was man will, Pasteur und Robert Koch wird man ihm nicht zum Vorwurf machen können. Hier haben Genialität und die

Macht der Wissenschaft der Natur eines ihrer furchtbarsten Geheimnisse entrissen. Dabei ist der Feind, den man so vollständig besiegt hat, noch heute unbekannt. Der Erreger des Gelbfiebers ist noch nicht entdeckt. Nur die Mücke, die die Infektion überträgt, ist bekannt. Die allerdings kennt man bis in die letzten Falten ihres verderblichen Seelenlebens.

Der Mensch kann nur von einer kranken Mücke infiziert werden. Die Mücke wiederum kann nur an einem gelbfieberkranken Menschen sich infizieren. Das große Rätsel ist: Woher kommt eine Neuinfektion, wenn irgendwo lange keine Epidemie mehr gewesen ist? Woher können die Mücken sich infizieren, wenn irgendwo jahrelang gar keine Möglichkeit, krankes Blut zu saugen, bestanden hat? Wo hält sich der Erreger in den Pausen zwischen den Epidemien auf?

Diese Jagd nach der letzten kranken Mücke, diesem Moskito des Teufels, der heute noch ganze Bevölkerungen vernichten könnte, wenn die Aufmerksamkeit der Wissenschaft auch nur einen Augenblick nachließe, diese Jagd ist aufregender als irgendeine andere Jagd auf dieser Erde.

Wenn ein solcher Moskito des Teufels es wagt, nach langer Pause einen Neger zu stechen, so ist diese Untat nach wenigen Tagen in Hamburg und New York so gut bekannt wie in Rio oder London. Die wissenschaftlichen Institute, die Festungen, von denen aus die Feldzüge gegen die Wegelagerer unserer Gesundheit geleitet werden, bewachen die Ozeane, als ob es Petrischalen im Laboratorium wären.

Wie fehl am Platze wäre da Unmut darüber, eine schöne Stadt nicht gesehen zu haben. Die Forscher, diese stillen Männer hinter ihren Mikroskopen, haben die Herrschaft ihres Wissens über die ganze Erde ausgespannt. Unter ihrem wohltätigen und unsichtbaren Zepter blüht der Handel der Welt.

## KOPF ODER KOLLI

Der Hafen von Takoradi an der Goldküste ist neu. Er verdankt seine Entstehung dem Mangan. In guten Jahren wurden jährlich dreihundert- bis vierhunderttausend Tonnen Manganerz verladen. Auch die Stadt ist neu. Sie soll eine tropische Musterstadt werden. Vorläufig freilich hat sie noch nicht einmal ein Hotel.

Das Löschen der Ladung geht mit einem wahrhaft amerikanischen Tempo vor sich. Die Winschen rasseln und machen einen unbeschreiblichen Lärm. Lärm kann poetisch sein. Wie das Rollen der D-Züge, wie das Brausen der Propeller ist das Rasseln der Winschen ein Lärm der Ferne und der Fremde, ein Weltgeräusch, der Pulsschlag des Handels, von dem die Völker dieser Erde leben.

Die Männer, die die Winschen bedienen, sind Künstler in ihrem Fach. Die Möglichkeit, das Kolli, das an seinem Haken hängt, beliebig in vertikaler oder horizontaler Richtung durch die Luft zu schwenken, beruht auf einem sehr geistreichen System von Rollen und Drahtseilen, von dem man den Eindruck hat, daß Archimedes es erfunden hat und daß man es in Tertia vielleicht kapiert hätte. Zu einer Gang gehören zwei Winschen. Die Harmonie dieser beiden gefährlichen Maschinen wird dirigiert durch die fast unmerklichen Handbewegungen eines dritten Mannes, der irgendwo an der Reling steht und von dem man niemals vermuten würde, daß er überhaupt dazu gehört. Dabei ist seine Aufgabe weit verantwortungsvoller als die des Dirigenten eines philharmonischen Orchesters. Wenn die Bässe vorbeihauen, gibt es höchstens einiges Entsetzen im Parkett. Wenn das Kolli vorbeihaut, dann liegen tausend Dollar im Bach, oder es gibt eine Leiche. Wenn das Kolli aus der Luft auf die Pier hinuntersaust, saust es auf einen Haufen Neger hinab, um dann freilich, wie durch ein Wunder, genau zwanzig Zentimeter über den Wollköpfen schweben zu bleiben. Stundenlang kann man diesem Zusammenspiel von Dampf, Mathematik und Lärm zusehen.

Leider – welcher Freund der Harmonie wüßte das nicht – auch Dirigenten haben schlechte Tage. So sah ich eines Tages, wie das Kolli zwanzig Zentimeter tiefer sauste, als es sollte, um auf dem Schädel eines Negers zu landen. Es gab ein eigentümliches Krachen, ein Geräusch, das sozusagen durch Mark und Bein ging.

Kopf oder Kolli – das schien hier die Frage. Aber der Neger schüttelte nur den Kopf wie ein Dackel, den man mit Wasser begossen hat. Wie sich herausstellte, war von der Kiste ein Brett in Bruch gegangen, und irgend etwas rieselte heraus.

Unter den Wollköpfen gab es ein großes Palaver über die Frage, ob sie sich des Herausrieselnden bemächtigen dürften. Unter den Weißen stritt man sich darüber, ob die Versicherung bezahlen werde oder nicht. Das einzige, was feststand, war, daß der Neger seinen Kopf durchgesetzt hatte.

## BESUCH BEI EINER KÖNIGIN

In Takoradi wollte es ein günstiges Geschick, daß ich eingeladen wurde, an einem Besuch teilzunehmen, den der Herzog von M. der Königin von Princes machen wollte.

Die Autos fuhren los, ehe noch die Sonne ihre volle Kraft erreicht hatte.

Das Autofahren wird von den meisten Leuten zu den großen Annehmlichkeiten des Lebens gerechnet. Dabei wird freilich vorausgesetzt, daß die Straßen gut sind und daß es nicht staubt. Die Straßen waren ausgezeichnet, aber auch der Staub war hervorragend. Gleichwohl ist das Autofahren in den Tropen eine der größten Annehmlichkeiten des Lebens, und zwar wegen der gleichen Beigabe, die den europäischen Konstrukteuren so viel Kopfzerbrechen macht, nämlich des Fahrtwindes wegen, der einen auch bei der allergrößten Hitze einigermaßen kühl hält.

Nachdem wir zwei Stunden durch die wohlgeordneten Kakao- und Kokusnußpflanzungen der Eingeborenen gefahren sind, geht plötzlich mitten im Busch ein fürchterliches Geknalle los. Der Schreck, daß alle vier Reifen auf einmal geplatzt seien, findet keine Bestätigung. Es sind die Freudenschüsse der Mohren, mit denen der hohe Besuch von den Mannen der Königin begrüßt wird.

Hinter einer Biegung taucht das fröhliche Gewimmel auf, das zum Empfang einige hundert Meter vor der Schilfresidenz sich versammelt hat. Im Augenblick, da das Auto hält und der Fahrtwind aufhört, hat man das Gefühl, in ein überheiztes Badezimmer einzutreten. Ohne sich im geringsten zu bewegen, fängt man ganz von selbst mächtig zu schwitzen an.

Je weniger man, wenn man auf Reisen geht, von den Dingen weiß, denen man begegnen wird, um so sicherer ist man, wirklich etwas von ihnen zu erfahren. Ein Tamtam der Nigger im Busch? O nein!

Die Königin ist eine Matrone von vielleicht fünfzig Jahren. Voller Würde und wahrer Majestät steht sie unter einem roten Baldachin, der von einigen Leibmohren getragen wird. Sie trägt sehr kostbare, schwere goldene Ketten um den Hals. Ein Mann neben ihr trägt das Signum ihrer Würde, einen Stab, der oben in einigen goldenen Zweigen endet, auf denen goldene Vögel sitzen. Zwei Mohrenknaben stehen vor ihr mit krummen Schwertern, alter schöner Schmiedearbeit, deren Griffe vergoldet und deren Klingen von alten magischen Zeichen durchbrochen sind.

Ein halbes Dutzend junger Mädchen, die ebensoviel Anmut haben, wie ihre Herrin Würde hat, stehen um die Fremdlinge herum und wedeln ihnen mit Fächern Kühlung zu. Man kann sich nicht enthalten, die Kühlung, die ein anmutiges Mädchen einem mit ihrem Fächer spendet, mit jener zu vergleichen, die die europäische Technik mit achtzig Pferdestärken soeben noch vermittelte. Ich glaube, daß die Menschheit besser wäre, wenn sie häufiger von anmutigen Mädchen und seltener vom Achtzigmeilenfahrtwind gekühlt würde.

Neben der Königin links steht der Prinzgemahl, ein riesiger Mann von großer männlicher Schönheit. Rechts von ihr steht, bucklig und mit Brille, der einzige in europäischer Tracht, der schwarze Dolmetsch. Die europäische Tracht macht, daß man das Gefühl hat, daß dieser Gelehrte auch gleichzeitig der Hofnarr Ihrer Majestät sei.

Ringsumher macht das Volk einen unbeschreiblichen Lärm von großer Fröhlichkeit. Eine Kapelle macht auf Trommeln und Holzzeug schwarze Musik, eine andere mit Flöten und Trompeten, dem Herzog zu Ehren, weiße Musik. Daß beide Kapellen gleichzeitig spielen, ist nicht mehr als ein angemessener Ausdruck für die Tatsache, daß die schwarze und die weiße Welt hier zu gleicher Zeit einander gleiche Höflichkeiten erweisen.

Als der Kammerjunker Otto Friedrich von der Groeben Anno 1684 auf seiner Guinesischen Reise an dieser Küste landete, mag das Bild kaum viel anders gewesen sein. Die königliche Würde, mit der die Herrscherin von Princes ihre Gäste heute empfängt, ist jedenfalls nicht geringer als die, mit der einer ihrer Ahnen den Abgesandten des Großen Kurfürsten empfangen hat.

Unter den Wällen des Brandenburgischen Forts liegt friedlich das alte Dorf, malerisch zwischen Palmen eingebettet, an seinem weißen Strand. Es stellt sich heraus, daß die bescheidenen schilfgedeckten Lehmhütten der königlichen Residenz die Zeiten besser überdauert haben als die Steinquadern preußischer Tüchtigkeit.

Das Leben verteilt seine Gunst nach einem Gesetz, das wir nicht kennen. Wenn man die schrecklichen Schicksale bedenkt, die der Sklavenhandel über die Negervölker Afrikas gebracht hat, so hat man nicht den Eindruck, daß das Schicksal ihnen besonders wohl will. Es war das Mitleid eines frommen Priesters, des Paters Bartholomé de las Casas, mit den unglücklichen Indios Mittelamerikas, das die Veranlassung gab, für die Bergwerke Neuspaniens Neger heranzuholen. Wie schlimm auch immer es den Negern zufolge dieses schrecklichen Mitleids ergangen sein mag, zugrunde gegangen sind sie nicht.

Wie auch könnte man sich eine Welt vorstellen, in der es keine Mohren gäbe! Haben die Mohren nicht einen uralten Anspruch auf die Gnade des Himmels? Wie die frommen Bilder unserer mittelalterlichen Meister uns beweisen, von den drei Weisen aus dem Morgenlande, die dem Stern von Bethlehem nachzogen, war der eine ein König der Mohren.

Die wenigsten Menschen wissen genau, wo sie wohnen. Sie brauchen dabei durchaus nicht an einen Buschmann in der Kalahari zu denken, der von Afrika keine geographische Vorstellung hat. Sie sollen sich dabei an Ihre eigene geographische Nase fassen. Sie kennen zwar Ihre Hausnummer, aber Sie wissen nicht, auf welchem Längen- und Breitengrad Sie wohnen. Vielleicht teilt seit langem schon eine dieser merkwürdigen Linien Ihr Bett in zwei Hälften und Sie legen sich östlich des zehnten Längengrades nieder, um westlich davon aufzuwachen, nur weil Sie schlecht geträumt und sich auf die andere Seite gedreht haben, welche nicht nur die andere Seite Ihrer selbst, sondern auch die andere Seite der Erdkugel ist.

Wenn man durch das Weltmeer fährt, bekommen diese Linien eine geheimnisvolle Bedeutung. Es ist wirklich ganz unglaublich, wie groß ein Ozean ist. Ohne diese Linien wäre der Mensch völlig verloren. Sogar mit diesen Linien wäre die Sache ganz hoffnungslos, wenn es die Sterne und die Sonne nicht gäbe.

Es hat etwas ungemein Erhebendes, wenn man den Ort auf der Erde, an dem man sich befindet, nicht nach einer Litfaßsäule oder nach einem Zeitungskiosk bestimmt, sondern nach den Gestirnen. Wie die Leute auf der Brücke das machen, wird einem immer ein unerforschliches Geheimnis bleiben, aber da sie tatsächlich immer da ankommen, wo sie ankommen wollen, muß es wohl mit ihrer Sextantenzauberei seine Richtigkeit haben.

Glücklicherweise treten die Breitengrade nicht nur in mathematischen Formeln in Erscheinung, sondern auch in Köper. Köper ist der Stoff, aus dem das gemacht ist, was an Schiffsuniformen weiß ist. Der vierzigste Breitengrad tritt als weiße Mütze in Erscheinung, der dreißigste als weiße Hose und der zwanzigste als weißer Anzug.

Beim zehnten Breitengrad kommt der Tropenhelm. Der Tropenhelm macht den Eindruck, als ob er der poetische Einfall eines sächsischen Reisenden sei, welcher dem Phänomen „heiß“ einen sinnfälligen Ausdruck geben wollte. Tatsächlich ist er eine Notwendigkeit. Die Sonne, diese lebenspendende Gottheit, ist imstande, einen Menschen durch einen Filzhut hindurch zu töten. Man wird sich auf einmal bewußt, daß man zum Leben eines Hirns bedarf, was doch, wie weise Beobachter zugeben werden, eine nicht überall verbreitete Erkenntnis ist.

Kreuzt man endlich den Äquator, so wird die Sache aufregend. Wissen Sie eigentlich, wie der Äquator auf deutsch heißt?

Sie wissen es?

Wie schön!

Ich wußte es nicht. Glücklicherweise gab es einen Engländer an Bord, der durchaus gerne Deutsch lernen wollte und zu diesem Behuf, sozusagen als literarischen Kompaß, ein Nokixel bei sich trug. Ein Nokixel ist das seemännische Anagramm eines Lexikons. Er überraschte uns mit der Mitteilung, daß wir den Erdgleicher gekreuzt hätten, wofür wir uns erkenntlich zeigten, indem wir ihn zum Schwanze eines Hahns einluden. Er wollte nicht recht, offenbar weil er eine teutonische Teufelei dahinter vermutete. Seine Höflichkeit wurde belohnt, als der Hahnenschwanz sich als Cocktail entpuppte.

Hinsichtlich des Erdgleichers gerät man in eine gewisse Verlegenheit. Man hat von Jugend auf Leute bewundert, die die Linie gekreuzt hatten. Man ist immer der Meinung gewesen, daß das eine höhere Klasse von Menschen sei. Man darf also füglich erwarten, daß man irgendwelche erhebenden Gefühle haben müsse in dem Augenblick, da man selbst in diese höhere Klasse von Menschen aufsteigt. Man empfindet nichts, rein gar nichts. Der Äquator ist diesbezüglich eine vollkommene Enttäuschung, selbst wenn man sich zu dem eulenspiegelschen Gedanken versteigt, daß man das erstemal in seinem Leben dem Südpol näher ist als dem Nordpol. Nach den Erfahrungen, welche man soeben gesammelt hat, muß man befürchten, daß man am Südpol eine nicht weniger erhabene Leere des Gemüts empfinden wird wie am Äquator.

So wendet man sich wieder dem Cocktail zu. Der Cocktail ist ein tragendes Element, sozusagen eine Säule der Geselligkeit an Bord. Es ist klar, daß eine Geselligkeit, welche sich in einer so heiteren Säulenhalle abspielt, heiter sein muß.

Jedes Schiff ist eine Arche Noah, die von der Sintflut übriggeblieben ist. Der vollständige Wegfall alles dessen, was sonst das Leben der Menschen erfüllt, macht den Reisenden zu einem Robinson Crusoe seines eigenen Gemüts. Ein jeder lebt mit sich selbst in einer unendlichen Zeit. An Bord hat ein Tag volle vierundzwanzig Stunden.

Im Deckstuhl zu liegen, ist etwas ganz anderes, als etwa am Strand in der Sonne zu liegen. Während man zwei Stunden döst, hat man ein Stück von dem geleistet, was dem Vasco da Gama, und mit Recht, als Heldentat angerechnet wurde, und was jedermann sonst zugute geschrieben wird, man ist nämlich vorwärts gekommen. Die ausgezeichnete Tatsache, daß das Schiff den Menschen seinem Ziele näher bringt, nimmt dem Nichtstun jeden unmoralischen Charakter.

So ist das Nichtstun an Bord die unschuldige paradiesische Urform jenes schuldbewußten Nichtstuns, dem wir sonst so gerne uns hingeben. Es ist von höchster wissenschaftlicher Bedeutung, festzustellen, was der Mensch in diesem Zustand moralischer Unschuld anfängt.

Als gerechte Richter dieses sündhaften Geschöpfes müssen wir ehrlicherweise feststellen, daß es sich in erster Linie über die Sonne freut. Leider müssen wir sagen, in zweiter Linie trinkt es Cocktails.

Doch gibt es Unterschiede. Es gibt charakterfeste Leute, welche an dem Grundsatz festhalten, niemals vor elf Uhr vormittags einen Cocktail zu trinken. Dieser Heroismus wird weit in den Schatten gestellt von jenen, welche darauf bestehen, niemals vor fünf Uhr nachmittags einen zu genehmigen. Eine alte Sage, die in der Seefahrt umgeht, besagt, daß es Leute geben soll, welche vor sieben Uhr abends jede Einladung ablehnen. Das Vorkommen von Leuten, die überhaupt keinen Cocktail trinken, wird von allen Kennern der Sache aufs strikteste geleugnet.

Man würde den Menschen im Zustand seiner Unschuld unterschätzen, wenn man annähme, daß er nur so schlechthin Cocktails tränke. Er hat immer ein Motiv.

Das Motiv ist archaisch. Es erinnert an den schönen Brauch alter Zeiten, den Göttern zu spenden. So heißt der Cocktail um sechs Uhr nachmittags der Sundowner. Apollo wird damit angemessen geehrt. Der Sunriser gilt, wie begreiflich, als verwerflich. Wie wahrhaft poetisch aber ist der Moonshiner, den man um zehn Uhr des Abends nimmt. Wie einleuchtend schmeckt der Appetizer. Wie angemessen ist es, um Mitternacht zu einem Dayfinisher aufzufordern, an den sich ein Welldreamer zwanglos anschließen läßt.

Den Cocktail verliert man beim Knobeln. Man überläßt es der Göttin des Glücks zu entscheiden, wer bezahlen muß. Wer möchte nicht einen Mann preisen, der, wenn die Göttin des Glücks gegen ihn entschieden hat, keinen anderen Wunsch empfindet, als seinen Freunden etwas Gutes anzutun.

So klappern die Männer mit dem Glück im Lederbecher. Die Männer, die das Spiel so ernst nehmen, sind dieselben, die so gerne mit dem Leben spielen. Das Schiff trägt Ladung über das Meer und Schicksal von Ufer zu Ufer. Wer würde von jenem heiteren Mann, der mit so viel Charme eine Runde nach der anderen zu gewinnen weiß, vermuten, daß ihm einmal in einer Nacht die Heuschrecken die Arbeit von sechs Jahren aufgefressen haben. Wer würde glauben, daß jener Pechvogel, der immer bezahlen muß, in seinem Handkoffer eine ganze Menge Kilogramme guten reinen Goldes mit sich führt, das er mit eigener Hand aus einem Fluß im Inneren gewaschen hat.

Robinson ist heiter. Ob das Leben einem eine Deckskabine bestimmt hat oder ob man ins Zwischendeck geraten ist, das ist nicht eine Sache des Verdienstes. Ein Verdienst ist es, die heiteren Stunden heiter zu verbringen, auch wenn man von strengen Ufern zu strengen Ufern fährt. Wenn der Mensch heute ins Paradies zurückgeführt würde, er würde sich da nicht mehr wohlfühlen können. Abgesehen davon, daß ihm Sünde beklagenswerterweise so viel Vergnügen macht, wovon sollte er träumen? In den Archen des Friedens jedoch, in denen er zwischen zwei Sintfluten Passage bucht, vermag er auf kunstvolle Weise glücklich zu sein.

1939

## BLICK AUF DIE LOIRE

Die Unvollkommenheit der Welt bringt es mit sich, daß ich versuchen muß, die zarten Valeurs der Loire, dieses Tales großer französischer Geschichte, einzufangen, während tatsächlich mein Auge über die Schneekonturen der Sierra de Gredos schweift, welche Altkastilien von Neukastilien trennt.

Die literarische Schwierigkeit, die darin liegt, wäre nicht so schlimm. Schwierigkeiten solcher Art werden von Literaten hochgeschätzt. Die Loire selbst ist ein Objekt langer literarischer Streitigkeiten. Es gibt keinen bedeutenden französischen Schriftsteller, der nicht über die Touraine seine Meinung geäußert hätte.

Diese Meinungen gehen weit auseinander. Stendhal, der sich nichts machte aus dem, was anderen Leuten gefiel, ging so weit, zu sagen *„La belle Touraine n'existe pas"*. Während Balzac in einem Brief an Alfred de Vigny sich dazu verstieg zu schreiben: „Fragen Sie mich nicht, warum ich die Touraine liebe. Ich liebe sie, nicht wie man eine Geliebte liebt, noch wie man eine Oase in der Wüste liebt, ich liebe sie, wie der Künstler die Kunst liebt."

Unglücklicherweise ist Stendhal für uns eine ebenso große Autorität wie Balzac. Wir müssen uns daher auf unser eigenes Auge verlassen.

Von den Geschichtsschreibern sind die Horizonte niemals genügend berücksichtigt worden. Die fruchtbaren und glücklichen Länder haben unbedeutende Horizonte. Die großartigen Horizonte sind den kargen Ländern vorbehalten. Weltreiche entstehen aus dem Kargen. Die Latiner waren ein armes Bergvolk. Sie begründeten Rom. Die Araber hatten in ihren Wüsten nichts als Horizont. Sie eroberten die halbe Welt.

Die spanische Weltherrschaft kam nicht aus dem glänzenden Süden, sondern aus der Hochebene von Kastilien. Wen die zärtliche Nähe fesselt, der hat nichts übrig für die großen Aufgaben, welche die großen Horizonte stellen.

Schlösser schaffen Horizonte. Der Schiffer freilich, der die Loire hinauffährt, sieht nichts von dem Blick, den man auf ihn hat. Wo die Weite nicht weit genug war, stellte der Mensch seine großen Bauwerke hin, seine königlichsten Schöpfungen. So ist die Touraine das Land der Schlösser und das Land der Könige geworden, das Land der Renaissance und das Land der Geschichte des Hauses Valois.

Schlösser an der Loire sind zahlreich wie schöne Frauen. Man kann sie sammeln. Das Wesen des Horizontes wird man dabei nicht begreifen, so wenig man das Wesen schöner Frauen begreifen wird, wenn man schöne Frauen sammelt. Eine lieben – das bringt weiter. Treten wir also entschlossen hinaus auf das Dach des Turmes im Château d'Amboise.

Großartig, was vor uns liegt! Großartiger noch, was hinter uns liegt!

Was vor uns liegt, ist ein breites fruchtbares Tal mit sanften Hügelketten zu beiden Seiten. Der Fluß strömt langsam und majestätisch dahin. Der Westwind, der seine Oberfläche kräuselt, bringt ihm den ersten Gruß des Ozeans.

Hier könnte einer fragen, inwiefern der Fluß nicht träge dahinfließe. Diese Frage ist nicht so dumm, wie sie scheint. Sie läßt sich sogar beantworten. Daß die Loire schön erscheint, ist nicht die Folge davon, daß man ausgezeichnet

NÉ 1452 — LEONARD DE VINCI — MORT 1519

gespeist hat in einem dieser berühmten Gasthäuser Frankreichs, die Sterne im Baedeker haben wie anderswo die Kathedralen. Der Jangtse fließt tatsächlich träge dahin. Landschaften haben Gesichter, und Gesichter haben Schicksale. Es gibt Landschaften, denen bestimmt ist, der Rahmen großer Geschichte zu werden, und es gibt Landschaften, in welchen das erste größere Ereignis der Jüngste Tag sein wird.

Das Tal der Loire ist schön, aber es ist auch ein wenig lieblich. Nirgends gibt es mehr Nachtigallen als hier. Mag sein, daß das Stendhal gestört hat. Nichts ist von hier aufgebrochen. Dieser Horizont ist weit, aber sanft verschleiert. Er lockt nicht aus einer köstlichen Gegenwart in eine unbekannte Zukunft. Er lädt ein, sich niederzulassen. Er lädt ein zu bleiben, wenn man die Türme hoch genug baut, um über die Hügel hinwegblicken zu können. Das sanfte Tal bekommt durch seine mächtigen Kastelle einen pathetischen Akzent. Die Herrschsucht der Burgen wird durch die zärtliche Luft gemildert. Diese wohlgelungene Harmonie zwischen Landschaft und Baukunst ist es, die den Zauber der Loire ausmacht und dieses Stückchen Erde in der Welt berühmt gemacht hat.

Drehen wir uns um, so sehen wir drei Dinge – einen Hof, einen von einem alten schmiedeeisernen Gitter umschlossenen Altan am Hauptgebäude des Schlosses und eine kleine Kapelle. Größe und Schrecken menschlicher Herrschaft liegen in diesen drei Dingen beschlossen. Auf diesem Hof empfing König Franz I. von Frankreich Kaiser Karl V. auf seiner Reise durch das Abendland. Beleben wir noch einmal die stillen Steinplatten mit all jenen großen Herren, die im Gefolge eines deutschen Kaisers dahinzogen, der durch seine Lande reiste von Madrid nach Regensburg. Ein kaiserlicher Händedruck bedeutete damals Friede für ein Menschenalter. Kaiserlicher Zorn lastete schwer auf denen, welche er traf. Karl V. war ein Herrscher, der sich aufs Herrschen verstand. Im Gefolge des Königs von Frankreich stand der junge Prinz von Condé, dieser glänzende Ritter, der zwanzig Jahre später in eben diesem Schlosse, bei der Verschwörung von Amboise, seinen Degen in das Blut seiner eigenen Gefährten tauchen mußte, um den Verdacht, der auf ihm lastete, zu zerstreuen. An dem schönen alten Eisengitter des Altans hing man die Häupter der Verschwörung auf.

In der Kapelle befindet sich das Grab eines der größten Menschen, den der europäische Geist hervorgebracht hat. Dieselben Könige aus dem Hause Valois, die ihre Herrschaft so oft unter so schrecklichen Umständen verteidigen mußten, waren große Mäzene, prächtig und prachtliebend, von erlesenem Geschmack und immer bemüht, der Kunst gegenüber ihre königlichen Pflichten zu erfüllen.

Es ist das Grab Leonardo da Vincis, den König Franz I. an den Hof von Amboise gezogen hatte. Freilich, es ist nicht eigentlich sein Grab, sondern die Stelle, an der wahrscheinlich seine Gebeine liegen. Dasselbe rätselhafte Schicksal, das über dem Werk dieses Mannes liegt, hat auch seine sterblichen Reste getroffen. Die meisten seiner großartigen Arbeiten sind verlorengegangen – verbrannt, zerstört, geraubt, verdorben. Wir können nur ahnen, was dieser Mann der Welt gegeben hat. Es scheint geradezu, daß die Menschheit von irgendeiner Stelle, die darüber zu befinden hat, nicht für würdig erachtet wird, diese Offenbarungen zu besitzen.

So ist auch die Kapelle, in welcher er beigesetzt war, abgebrannt. Erst am Ende des neunzehnten Jahrhunderts wurde eine Inschrift für ihn gemeißelt. Wenn man in Erwägung zieht, zu welch erhabenen Sphären der Geist dieses großen Mannes sich erhoben hat, so kann man nur mit einer gewissen Bewegung die Worte lesen, mit denen er auf seinem letzten Steine sich begnügen muß:

*„Sous ce pierre reposent les ossements recueillis dans la fouille de l'ancienne chapelle royale d'Amboise parmi lesquels on suppose que se trouve la dépouille mortelle de Léonard de Vinci*

*Né 1452 Mort 1519."*

KASTILIEN

Stunde um Stunde sind wir gefahren durch die Tierra de Campos, die Hochebene des alten Königreichs Kastilien. Wie die Dünung eines Ozeans ziehen sich die Hügelketten bis an einen Horizont, welcher in unerreichbarer Ferne zu liegen scheint. Das Land ist leer. In weiten Abständen tauchen Dörfer auf, aus braunem Lehm auf brauner Erde gebaut. Jedes einzelne dieser Dörfer sieht wie eine Festung aus, vom Menschen gesetzt als Bollwerk gegen die überwältigende Einsamkeit dieser Landschaft.

Am Ausgang eines Dorfes liegt ein Kastell aus Lehm, uralt, mächtig, verfallen, ein Menetekel der Zeit. Verweht sind die Spuren derer, die es gebaut haben. Verweht auch die Spuren derer, die es schrecken sollte. Namenlose Erde. Geisterzinne, von Geistern errichtet.

Die Akteure dieser großartigen und tristen Bühne der Schöpfung sind die Hirten mit ihren Herden. Es sind biblische Hirten und biblische Herden. Der Mann, der da, auf seinen Stab gestützt, einsam in den Himmel ragt, dieser kastilische Hirte scheint dazustehen seit Erschaffung der Welt, ein Stück des Horizontes Gottes, ein Denkmal, errichtet zu Ehren des Menschen.

An diesen Hirten ist die Geschichte vorübergezogen seit Jahrtausenden. Ungeheure, unbekannte Dramen haben sich vor ihren Augen abgespielt. Völker sind gekommen und gegangen, wie eine Wolke vor der Sonne vorüberzieht. Alte Sagen gehen davon noch heute an den nächtlichen Feuern um. Kelten brachen von Norden, Karthager von Süden in das Land. Dann kamen Römer, dann kamen Goten, dann kamen Mauren. Sie alle haben gelebt, geherrscht, geliebt, gemordet, geschachert und gebaut. Kriege wurden gewonnen und gingen verloren. Weltreiche wurden gegründet und zerfielen wieder in nichts. Erbe wurde geschaffen und Erbe wurde vertan, Jahrhundert um Jahrhundert.

Die Hirten Kastiliens haben über ihre Herden hinweggeblickt in den traumhaften Horizont hinein bis zu jenem großen Augenblick, da die unendliche Ferne sie losriß von der braunen Tierra de Campos und sie aufbrachen über alle Grenzen hinaus, der abendländischen Menschheit die Erde zu erobern und das Reich zu errichten, in welchem die Sonne nicht mehr unterging.

Es gibt keine zureichende Erklärung für diesen ungeheuren Aufbruch der spanischen Nation, mit dem das Mittelalter zu Ende ging und die Neuzeit ihren Anfang nahm. Wir wissen, daß die alten Königreiche von Kastilien, Leon und Aragon die politischen Kernzellen Spaniens sind. Zwar Columbus war Genuese, aber die katholische Isabella, die ihm die Mittel zur Ausführung seiner kühnen Pläne zur Verfügung stellte, war Königin von Kastilien. Noch heute gründet sich der Stolz des Spaniers auf dieses großartige halbe Jahrhundert von Isabella bis zu Philipp II. Nichts beweist, allen Einwänden zum Trotz, die kulturelle Kraft des Spaniers von 1500 eindringlicher als die Tatsache, daß die Länder, welche damals von Spanien in der neuen Welt erobert wurden, obwohl sie politisch wieder verlorengingen, katholische Länder spanischer Sprache und spanischer Sitte geblieben sind.

Gegen Abend, während wir uns Salamanca nähern, taucht am Horizont die schneebedeckte Sierra auf, die Altkastilien und Leon von Estremadura und Neukastilien trennt. Wir fahren durch das Tal des Duero. Unendlich tröstend ist das Grün dieser kleinen Flußtäler. Von einer heimlichen und bescheidenen Schönheit nach all der schauerlichen Erhabenheit der Hochebene. Wunderbar die wie von Silber überstäubten Steineichen mit den Blüten des Ginsters im Unterholz. Die Natur, die harte Herrin der braunen Einöde, hier belohnt sie das einsame Herz. Wie sehr muß ein Mann, der Kastilien zur Heimat hat, diese Täler lieben, dieses Grün, dieses Silber, diesen leisen Ton, mit dem das Wasser unter der Brücke über die Steine springt. Dieses karge Land, das von lockenden Fernen rings umgeben ist, muß ein Land unendlichen Heimwehs sein für die, welche es verloren haben. Auf den asphodelischen Wiesen träumt der Mensch von den Disteln, die zwischen den Steinen seiner jungen Tage wuchsen.

Wenige Meilen vor Salamanca ist von der Stadt noch nichts zu sehen. Auf einmal liegt es vor uns im Schein der untergehenden Sonne mit seiner wunderbaren Silhouette, das alte Salmantica mit seinen prachtvollen Türmen und Palästen, der ehrwürdige Platz mittelalterlicher Gelehrsamkeit, die glanzvolle Stätte spanischer Königsherrlichkeit.

Wir sitzen auf der Plaza Mayor in einem urbanen Gewimmel von südlicher Lebhaftigkeit. Die vier Fassaden, welche den Platz rings umschließen und die Straßen durch Tore einlassen, sind strahlend erleuchtet, eine Architektur in Licht. Über den Platz zieht eine stille Prozession von Kindern. Sie tragen Kerzen in den Händen, um dem Himmel zu danken für eine Güte, die sie noch nicht verstehen. Ihre unschuldigen Gebete steigen mit dem Rauch der Kerzen zu den Sternen, die über den Lichtern der Menschen scheinen.

Die Haut brennt von der Sonne Kastiliens. Der Café negro labt die vom Staub der Geschichte ausgedörrten Kehlen. Wir sind nicht so verloren in diesem Gewimmel, wie es scheinen mag. Wir sind das jüngste Glied einer langen Kette von Generationen. Einige hundert Semester lang ist Europa nach dieser Stadt gepilgert, um von den Gelehrten der Hohen Schule zu Salamanca die Weisheiten Arabiens zu lernen und die Schätze der Antike zu übernehmen, welche arabische Wissenschaft über dunkle Zeiten hinweg bewahrt hatte. Nicht zufällig gibt es in Salamanca noch heute ein irisches Priesterseminar. Irische Mönche und arabische Gelehrte teilen sich in die Ehre, die griechische Überlieferung Europa erhalten zu haben in jenen Jahrhunderten, da im Zerfall des Römischen Reiches auch das Wunder von Hellas der Vergessenheit anheimzufallen drohte.

Wunderliche Wege sind es, die die Geschichte nimmt, wenn sie zwischen Zerstören und Erhalten ihre undurchschaubare Entscheidung trifft. Während es noch zahlreiche römische, ja punische Reste in Spanien gibt, während die Felsbilder einer unvorstellbar lange vergangenen Epoche noch erhalten sind, ist die Spur der Westgoten auf eine unheimliche und unerklärliche Weise fast vollständig verschwunden.

Doch was auch immer das Ergebnis menschlicher Bemühungen sein mag, ewig groß ist die unerschütterliche Standhaftigkeit des menschlichen Herzens, das in der Nacht vom Morgen träumt und nicht aufhört, den Göttern Trotz zu bieten.

## DENKMAL EINER MEINUNG

So prächtig sich Salamanca bei der Ankunft bietet, so prächtig grüßt es den Fremdling beim Abschied. Das Auto, das Vehikel der Zivilisation, hat die unerwartete Eigenschaft, daß es den Reisenden wieder zurückführt auf die Straßen der Altvorderen, welche die Straßen der Kultur sind.

Da wir kein Croquis zu lesen verstehen, auch nicht genug von dieser Sprache wissen, um mit Nutzen fragen zu können, verlassen wir uns auf Karl.

Karl ist das Handbuch für Reisende. Obwohl es vor mehr als dreißig Jahren erschienen ist, ist es das Zuverlässigste, was man sich denken kann. Offenbar besteht Karl aus zwei verschiedenen Persönlichkeiten. Der eine Karl befaßt sich nur mit Kathedralen, der andere nur mit der Küche. Kunstkarl ebenso wie Freßkarl bringen aber nicht nur Tatsachen, sondern auch Meinungen. Wenn man, da man doch Ferien hat, sich nicht die Mühe machen will, sich eine eigene Meinung zu bilden, so kann man ohne weiteres Karls Meinungen übernehmen. Man wird dann von der Welt den Aspekt haben, welchen ein distinguierter Fremder im Jahre 1912 von ihr hatte. Es ist zumindest fraglich, ob die eigenen Bemühungen einen weiterbringen würden.

Wir hatten die beiden Kathedralen besichtigt. In diesem glücklichen Fall hat man nicht die alte romanische Kirche abgerissen und die neue gotische an ihre Stelle gesetzt, sondern man hat die alte Kirche stehen gelassen und die neue daneben gebaut, Wand an Wand – für stilkritische Untersuchungen eine gedeckte Tafel. Kunstkarl gibt ganz genau an, von welcher Stelle aus man den besten Überblick über die Chorpartie der romanischen Kirche hat. Man sieht es richtig vor sich, wie Karl Anno zwölf im schwarzen Gehrock eine Viertelstunde lang in der Hitze umhergekrochen ist, ehe er sich bedächtig entschloß, Punkt X als denjenigen zu bezeichnen, „von welchem aus man den besten Überblick über die Chorpartie" hat.

Auch wir, treue Jünger und Verehrer Karls, begeben uns an Punkt X. Wenn wir schon in Salamanca sind und die alte Kathedrale besichtigen, wollen wir nicht nur die Chorpartie sehen, sondern natürlich auch den besten Überblick über sie haben.

Ich, der ich meine jungen Tage damit verbracht habe, ein Handwerk zu erlernen, bin in Dingen der feineren Bildung unzulänglich. Erich dagegen, mit dem ich diese Reise mache, ist von Beruf und Natur Kunsthistoriker. So ist es kein Wunder, daß ich den goldenen Worten des Freundes allzeit voll tiefen Respektes lausche. Erich betrachtete lange „den besten Überblick über die Chorpartie". Dann sagte er:

„Speyer! Vollkommen Speyer!"

Ich, leicht erschüttert, betrachtete meinerseits die Tauben, die den besten Überblick frequentierten, und meinte:

„Venedig! Vollkommen Venedig!" Worauf Erich freundlich mich ansah und sagte:

„Idiotisch! Vollkommen idiotisch!"

Derartig starke Differenzen können sich entwickeln, wenn man sich eigene Meinungen bildet, statt sich an Karl zu halten.

Im Inneren der Kirche wurden wir uns wieder völlig einig. Wie Kunstkarl auf Seite zweiundfünfzig ein für allemal festgestellt hat – „das vierundfünfzig Meter lange Innere zeigt schwere, aber harmonische Verhältnisse".

Dem ist nichts hinzuzufügen. Siebenhundert Jahre lang hat die Kathedrale schwere, aber harmonische Verhältnisse gezeigt. Kein Hund hat sich darum gekümmert. Bis endlich Kunstkarl kam, Anno zwölf, im schwarzen Gehrock, und diese Feststellung traf. Von nun an wird die Kathedrale schwere, aber harmonische Verhältnisse zeigen, solange der Himmel ihr erlaubt, zu seinen Ehren dazustehen.

Im Relicario der neuen Kathedrale steht das berühmte Kreuz des Cid, das von Jerónimo Visquio, dem Gefährten des Cid, nach Salamanca gebracht wurde. Es ist ein primitives Stück. Man würde ihm inmitten all dieser Pracht kaum Beachtung schenken, wenn man nicht wüßte...

Dieser Christo de las Batallas ist, nach langen Jahrhunderten, aus welchen uns nichts erhalten ist, eine der ersten bekannten Skulpturen aus der Zeit der Reconquista. Mögen die Dinge noch so schön sein, erst das Wissen um sie gibt ihnen den vollen Glanz, dessen der europäische Geist bedarf, um genießen zu können. Karl ist der Mentor und Vermittler des Fleißes der Wissenschaft dort, wo man seiner bedarf, an Ort und Stelle.

So sei nunmehr die Geschichte mit der Westfassade berichtet. Hier nämlich hat Karl einen Satz geschaffen, welcher an sprachlicher Meisterschaft in nichts dem Kunstwerk nachsteht, dessen ornamentaler Meisterschaft er gewidmet ist.

Als wir die Kathedrale verlassen hatten und wieder in der heißen Sonne standen, eine Zigarette rauchten und die venezianischen Tauben von Speyer ins Lichtbild bannten, blieb uns noch die Universität. Dreihundert Jahre ist sie berühmt gewesen in der ganzen Welt. Nun hat sie, zum Lohn dafür, bei Karl einen Stern. Nach dem Plan mußte sie der Kathedrale gegenüberliegen. Aber da war kein Bauwerk, das einen Stern wert gewesen wäre. Wir fragten einen Salamankesen. Er zeigte uns als Universität ein Haus, welches wir als unbedeutend ansprechen mußten. Irgend etwas konnte nicht stimmen. Richtig! Besternt war nur die Westfassade.

Durch unendliche Gäßchen suchten wir die Westfassade, bis wir sie fanden, prächtig geschmückt und bequem zu betrachten von einem bezaubernden kleinen, stillen Platz aus mit einem Brunnen, auf dessen Rand wir uns niederließen.

Über diese köstliche Fassade hätte man mancherlei Betrachtungen anstellen können. Alle diese Betrachtungen wären einem lächerlich vorgekommen, wenn man hinterher erfahren hätte, was Karl zu ihr gemeint hat. Karl nämlich sagt:

„Als Kleinod gilt die Fassade der Universität; merkwürdig die Rücksichtnahme auf die perspektivische Verjüngung durch vergrößerte Dimensionen der Details nach oben."

Wie die Fassade der Universität zu Ehren des sechzehnten Jahrhunderts dasteht, so wird dieser Satz immerdar dastehen zu Ehren Karls und der kunsthistorischen Wissenschaft.

Viel Gelehrsamkeit ist durch diese Pforte ein- und ausgegangen. Der Lärm wissenschaftlichen Streites tönte über Europa und der Lärm fröhlicher Studenten über diesen Platz. Hier kämpfte der gelehrte Dominikanerbruder Diego de Deza seinen heldenhaften Kampf gegen den Aristoteles, als er 1486 die Gelehrten von Salamanca für die Pläne des Columbus zu gewinnen suchte. Er hat ebensogut Amerika entdeckt wie der kühne Seefahrer selbst. Ohne die Hilfe dieses kühlen und klaren Kopfes wäre es Columbus niemals gelungen, seine große Fahrt in unsere Zeit hinein anzutreten.

Erhabener Vergangenheit voll wollten wir Salamanca über die alte Römerbrücke verlassen. Hier versagte Karl. Unversehens sahen wir uns der Notwendigkeit gegenüber, mit dem Wagen eine Treppe hinunterzufahren. Nur der Tatsache, daß Tausende von Studenten Jahrhunderte lang über diese Treppe gelaufen waren und ihre Stufen flach geschliffen hatten, verdanken wir es, daß wir heil unten angekommen sind.

Auf der anderen Seite des Flusses steigt die Straße langsam am Hang hinauf. Sanft hingebreitet am Ufer des Tormes liegt die Stadt. Die Landleute auf ihren Eseln, diesen klugen, stilläugigen Tieren, deren Ahnherr einst den Sancho Pansa durch die Fährnisse seiner Treue trug, reiten über die Römerbrücke in die Stadt hinein. Die Studenten des Lebens rollen von dannen, voll neuen Wissens und voller Fröhlichkeit. Einsam nur auf dem kleinen Platz vor der Westfassade der Universität steht, ein unsichtbares Denkmal, die Meinung des gelehrten Mannes im schwarzen Rock, Geheimrat Karls, des Kenners Spaniens und der Welt.

## LÄNDLICHE SZENE

Das Salz des Reisens sind die glücklichen Zufälle.

Die gewöhnlichste Art von glücklichem Zufall ist die Reifenpanne. Herb und köstlich ist Kastiliens Luft. In den

Reifen sind noch immer zwei Atmosphären Berlin. Ein Hufnagel, der sich, wie ein Argument der Philosophie, sanft und unerbittlich in den Pneu bohrt, gibt der gedrückten Berliner Luft Gelegenheit, ins Kastilische zu entweichen. Während sie in Berlin sich damit begnügen mußte, nach Benzin zu riechen, darf sie hier sich von einem ganz kleinen Esel ein- und wieder ausatmen lassen, um dann in der Krone einer Steineiche zu weitem Umblick sich niederzulassen.

Der Hufnagel kostete uns den Escorial. Es war ausgeschlossen, daß wir mit der Verspätung, die die Reifenpanne verursachte, den Escorial noch mitnehmen konnten, wenn wir zum Five o'clock Madrid erreichen wollten. Darüber hätten wir uns ärgern können. Aber die Panne ist sozusagen die moralische Kehrseite der Geschwindigkeitsmedaille. Wir beschlossen, unsere Souveränität über die Technik wiederherzustellen durch die Annahme, daß wir in der übernächsten Kurve gegen einen Baum gefahren und in den Abgrund gestürzt wären, wo man uns nach Wochen erst als bleiche Skelette des Hochmuts gefunden hätte. Vor einem so jähen Ende durch einen ganz gewöhnlichen Hufnagel gerettet worden zu sein, war Anlaß genug, dem Hufnagel gegenüber eher Zärtlichkeit als Ärger zu empfinden.

Während Erich im Schweiße seiner Bescheidenheit das Reserverad montierte, hatte ich endlich Gelegenheit, ihn über den heiligen Laurentius ins Bild zu setzen. Zu Ehren dieses Heiligen ist der Escorial erbaut. Sein voller Titel lautet *„Real Monasterio de San Lorenzo del Escorial"*. Philipp II. hatte während der Belagerung von St. Quentin dem Heiligen ein Kloster gelobt, weil seine Artillerie eine seiner Kirchen hatte beschießen müssen. Dieser Heilige ist geröstet worden. So ist nach der Meinung des Volkes der Grundriß des Escorial ein Rost.

„. . . Wendet mich“, spricht St. Laurenz mit Lächeln.
„Auf der linken Seite bin ich gar . . .“

Dieser fromme Vers aus der alten Legende hatte leider nicht die wünschenswerte Folge, Erich zur Bewunderung der glänzenden Haltung des frommen Mannes zu veranlassen. Vielmehr stieß er mich aus der Meditation an den Wagenheber, bis die Räder gewechselt waren.

Seit der Erfindung des Automobils ist das fünfte Rad am Wagen das wichtigste von allen. Es ist nämlich dasjenige, welches Beruhigung gibt. Wir hatten einen Hufnagel im fünften Rad. So rollten wir nur äußerst langsam und bescheiden weiter, gewissermaßen mit einem moralischen Nagel im philosophischen Hinterteil.

In einem kleinen, wirklich unbeschreiblich kleinen Ort trafen wir auf eine Anzahl Camions, deren Vorhandensein in uns reparative Hoffnungen erweckte. Die Camions sind eine Art von Benzinarchen, die den Verkehr zwischen den weit auseinanderliegenden kleinen Orten vermitteln. Ein modernes Auto funktioniert nach dem Prinzip der Wahrscheinlichkeit. Die Benzinarchen scheinen auf dem Prinzip der Unwahrscheinlichkeit dahinzurollen. Doch sind beide als Mechanovehikel der gleichen schöpferischen Idee entsprungen.

Wir hielten an.

Das erste, was wir feststellten, war, daß sämtliche Archen vollbeladen und im Begriff waren, abzufahren. Schon wollten wir den Hufnagel aus dem Hinterteil ziehen und mit einem Fluch in den Graben werfen, als er aufs neue seine magische Kraft bewies. Weit entfernt, uns im Stich zu bleiben, wurde er vielmehr die Veranlassung zu einer Kette von Ereignissen, aus denen wir mehr über Spanien erfuhren, als das genaueste Studium des Escorial uns hätte vermitteln können. Die Leute ůmstanden uns. Ihre Mienen schienen völlig gleichgültig zu sein. So galt es, eine Schlacht zu gewinnen.

Wir wandten uns an einen alten Mann mit würdigem Bart und hellen Augen, wie Menschen sie haben, die viel beobachten und wenig sagen. Diese mehr spontane als bewußte Aktion stellte sich als diplomatisch richtig heraus. Die Achtung vor dem grauen Haupte ist eine alte Überlieferung der Kultur. Wir hatten gezeigt, daß wir, wenn auch Fremdlinge, so doch keine Barbaren waren. Die erste Bresche war geschlagen.

Der Alte verstand uns so wenig wie wir ihn. Da wir ihm Ehre erwiesen hatten, konnte er nicht umhin, sich zum Anwalt unserer Sache zu machen, so unbekannt auch immer sie ihm sein mochte. Er rief einen jungen Mann herbei, der auf der Tasche seines blauen Monteuranzuges ein eindrucksvolles Wappen trug, das einen geradezu amtlichen Eindruck machte. Mit diesem Mann verbanden uns schon legitime Beziehungen, diejenigen nämlich, welche der Alte durch seine Aufforderung an ihn hergestellt hatte.

Wir führten ein langes Gespräch voller herzlicher Ausrufe, reich geschmückt mit Versicherungen gegenseitigen Vertrauens und gegenseitiger Hochachtung, ohne daß einer auch nur ein Wort des anderen verstanden hätte. Die Entwicklung freundschaftlichen Wohlwollens, ja geradezu menschlicher Anteilnahme wurde nicht wenig gefördert durch die Tatsache, daß langsam die Fahrer der Camions sich hinzugesellten, langsam freilich, um keine unvornehme Neugier erkennen zu lassen, aber doch eben neugierig. Auch die Camions selber entleerten sich allmählich. Kinder, Weiber und Esel schlossen das Amphitheater.

Erich ergriff einen Schraubenschlüssel, die Kappe vom

Reserverad abzuschrauben, um durch Vorweisung des moralischen Nagels die Klärung der Sachlage zu fördern. Dies sollte sich als für ihn nachteilig erweisen. Durch Verrichtung einer gewöhnlichen körperlichen Arbeit verlor er viel von seinem bisherigen Glanze, so daß der Alte mit dem grauen Bart, der Patriarch der Menge, weiterhin mich durch Ansprache häufiger auszeichnete als ihn.

Das Auftreten des Nagels rief ein allgemeines Entzücken hervor. Die Weiber faßten kichernd danach. Der Mann mit dem Wappen ging zu tröstenden Gebärden über. Kurz, es war klar, wir sind als Menschen alle gleich. Niemand ist vor dem Zorn der Götter sicher.

Der Mann mit dem Wappen montierte nunmehr, unter dem beifälligen Gemurmel der Menge, den Reifen ab und begann, mitten auf dem staubigen Dorfanger, ihn zu flicken. Er machte das schnell und geschickt. Daß sie alle schon eingestiegen gewesen waren, um sogleich abzufahren, das hatten sie, einer wie der andere, vollständig vergessen.

Zum Schluß sollte der Reifen aufgepumpt werden. Dabei erwies sich, daß der Ansatz der Pumpe auf das Ventil des Rades nicht paßte. Ein nördlicher Techniker hätte wahrscheinlich, schnell und geschickt, einen neuen Pumpenansatz gefräst. Der südliche Techniker nahm ein Stück Zeitung von der Straße, spuckte drauf und pappte es um Ansatz und Ventil – mit vollem Erfolg.

Wir waren lange im Zweifel, ob wir nun bezahlen sollten und wieviel. Schließlich kamen wir überein, uns lieber mit zuviel als mit zuwenig zu blamieren. Wir nahmen also einen etwas größeren Schein und boten ihn dem Manne mit dem Wappen.

Der Mann mit dem Wappen lehnte rundweg ab. Er tat es nicht unhöflich. Schließlich, woher sollten die Fremdlinge wissen, daß sie ihm zu nahe träten? Aber doch tat er es gemessen. Wir mußten den Rückzug antreten, aber wir wollten dabei unser Gesicht nicht verlieren.

So griffen wir zu jener Methode der Diplomatie, die in allen Lagen versöhnlich zu wirken geeignet ist. Wir luden zu einem Umtrunk ein. Dies wiederum konnte man uns nicht abschlagen, ohne uns zu kränken. So wurde die Humanitas besiegelt im Zeichen eines Trankopfers für Bacchus, den Gott brüderlicher Herzlichkeit. In den Jurten der Steppe, im Zelt in der Wüste, zwischen Freund und Feind ist der Trunk aus dem gleichen Becher das Siegel des Friedens.

Wir ließen die Vaterländer leben, den Frieden und die Güte des fröhlichen Gottes. Erich hatte den bezaubernden Einfall, den Hufnagel in den Becher zu werfen. Das Gelächter war allgemein.

Als Fremde waren wir gekommen. Als Freunde schieden wir. Hinter uns wurde der Fahrplan der Benzinarchen wieder in Betrieb genommen. Kleine Staubschlangen entfernten sich nach allen Seiten von der Stätte einer Komödie der Herzlichkeit, dem Anger eines ganz kleinen spanischen Gebirgsdorfes, der zur Bühne des Theatrum humanum wurde durch einen Hufnagel am rechten Platz.

## CORRIDA

Wer etwas tut, weil es gefährlich ist, ist kühn. Tapfer ist, wer etwas tut, obgleich es gefährlich ist. Kühnheit hat eine obere Grenze, jenseits derer sie zur Tollkühnheit wird. Die Grenze wird bestimmt durch die Angemessenheit des Risikos.Tolltapfer kann'man nicht sein. Kühnheit ist eine Eigenschaft, die dem Menschen gegeben ist wie Stolz oder Schönheit. Tapfer kann man werden. Sogar der Ängstliche kann tapfer werden. Kühn kann der Ängstliche niemals werden.

Die Bewunderung für Tapferkeit ist eine moralische Bewunderung. Die Bewunderung für Kühnheit ist eine ästhetische Bewunderung. Das Turnier ist das Schauspiel der Gefahr, das Schauspiel der Kühnheit. Das letzte Turnier, das in Europa noch abgehalten wird, ist die Corrida, der spanische Stierkampf.

Die Überlieferung ist uralt. Stierkämpfe hat es schon in Kreta gegeben in der ersten spätminoischen Epoche. Die Regeln scheinen damals ungefähr dieselben gewesen zu sein wie heute. Im Vatikanischen Museum ist uns eine Darstellung erhalten, bei der der Kämpfer den Stier bei den Hörnern packt und sich in einer großartigen Kurve über ihn hinwegschwingt, wie es ähnlich die Banderilleros noch heute tun.

Der Lärm des Südens füllt die Arena bis zum Rande. Die Nachmittagssonne fällt schräg herein. Obgleich wir im Schatten sitzen, ist es drückend heiß. Die Luft ist voll eines gelben Dunstes, den man zu schmecken meint. Eine Kapelle spielt. In den Logen sieht man die schönen Frauen Spaniens, deren Ahnen einst den Stierkampf als ritterliches Vorrecht übten. Damals mußte der Caballero den Stier vom Pferd aus mit der Lanze erlegen. Auf den Steinstufen drängt sich das Volk, aus dessen Reihen heute die Toreros stammen.

Unten in der Arena stehen sie, die großen Akteurs der Gefahr, die Schauspieler der Kühnheit, mit ihren merkwürdigen, kurzen Zöpfen, die ein Abzeichen ihres Standes sind.

Plötzlich wird es still. Alle Blicke richten sich auf ein

dunkles Tor in der Holzbalustrade, die die Arena umgibt. Aus diesem Tor kommt jetzt der Stier herausgeschossen. Geblendet bleibt er in der grellen Sonne stehen, schnaufend, zitternd vor Erregung, die Flanken schlagend, schwarz, drohend, die Hufe in den Sand gestemmt, ein wie vom Gotte gebanntes Monument ungeheuerlicher Kraft und ungeheuerlicher Lebendigkeit. Altes heiliges, mediterranes Tier! Reittier der Götter und vornehmstes Opfer zugleich! Auf Stieren sitzen in archaischer Zeit die Göttinnen der Fruchtbarkeit. In einen Stier verwandelte sich Zeus, als er Europa raubte. Auf der Balustrade des Niketempels in Athen reitet die Göttin des Sieges auf einem Stier. Freilich schon immer auch war er ein Tier des Kampfes. Am alten Athenetempel auf der Akropolis ist, in Stein gehauen, der berühmte Kampf zwischen dem Stier und dem Löwen dargestellt, in welchem der Stier den Löwen tötet.

Hier und heute freilich ist kein Sieg dem Stier beschieden. Die Weide wird er nicht mehr sehen. Dieses Leben, dieses ungeheuerliche, berstende, zitternde Leben ist dem Tod geweiht. Mit der Suerte de picar beginnt der Kampf.

Die Capeadores mit ihren bunten Tüchern reizen den Stier. Gesenkten Hauptes mustert er seine Feinde. Immer zögert er lange, um dann mit unvermuteter Schnelligkeit, wie ein vorwärtsgeschleuderter Felsblock, loszuspringen. Immer ist die Richtung seines Angriffs vollkommen gradlinig. Darin liegt die Chance der Kämpfer, im Ausweichen mit äußerster Kühnheit die äußerste Geschicklichkeit zu verbinden. Jeder Angriff des Stiers führt handbreit am Tod eines Menschen vorbei.

Die Männer mit den bunten Tüchern verlocken den Stier zum Angriff auf die berittenen Lanzenträger, die Picadores. Die Picadores nehmen oft den Ansturm des Stieres an. Sie bohren ihm die Lanze in den Nacken. Häufig genug rollen sie dabei in den Sand.

Der Stier beginnt, von den Lanzenstichen zu bluten. Seine Kraft und seine Wut scheinen unerschöpflich. Jetzt nämlich versuchen die Banderilleros, seine Aufmerksamkeit auf sich zu lenken. Sie halten spitze, mit Widerhaken versehene, oben mit Bändern geschmückte Stäbe in der Hand, in jeder Hand einen. Diese Stäbe haben sie dem Stier in den Nacken zu stoßen. Mit kurzen Stakkatobewegungen suchen sie ihn auf sich zu lenken. Zuweilen bleiben sie stehen, bis der Stier heran ist, um im letzten Augenblick zuzustoßen und sich mit einer unbeschreiblich schnellen Bewegung seitab zu drehen, so daß der Stier an ihnen vorbeibraust. Oder sie nähern sich dem stehenden Stier von vorn mit tänzelnden Schritten, um dann die letzten zehn Meter auf ihn zuzulaufen und, die Banderillos in seinen Nacken stoßend und gleichzeitig als Stütze sie verwendend, eine halbe Flanke über sein Horn hinweg zu machen. Diese Bewegung geschieht mit einer Grazie und einer Leichtigkeit, die bezaubernd wirken. Unendliche Feinheiten werden dabei unterschieden und von den Kennern bewundert und beklatscht.

Wenn der Stier drei Paare Banderillos im Nacken hat, gibt der Präsident das Zeichen zur Suerte de matar.

Der blutende, aufs äußerste gereizte Stier steht nunmehr allein dem Espada gegenüber, der nichts mehr als seine Kühnheit und seinen Degen hat. Der Stier ist schwerfälliger geworden. Die Vergeblichkeit seiner Angriffe hat ihn verwirrt. Mit dem scharlachroten Tuch lockt ihn der Espada. Der Stier zögert länger, aber nur, um dann um so fürchterlicher sich in Bewegung zu setzen. Der Espada schwingt das Tuch zur Seite, und das Horn des Stieres scheint seine Brust zu streifen.

Dieses Spiel wiederholt sich viele Male mit unzähligen Abstufungen der Feinheit und der Kühnheit. Die Spannung wächst ins Ungeheure. Zwischen der Kraft und Fürchterlichkeit des wilden, blutenden Tieres und der Grazie und Kühnheit des Espada spielt der Kampf sich ab. Schließlich wirft der Espada das Tuch weg. Er faßt den Degen. Er tritt vor den Stier hin. Er hebt den Degen mit ausgestrecktem Arm. Dann, mit einer letzten, leichten Bewegung, stößt er ihm die Klinge von oben ins Herz.

Die Kraft des Stieres ist so gewaltig, daß es lange, eine Ewigkeit lange, dauert, bis der Stoß seine Wirkung tut. Fester stemmt der Stier sich in den Sand, tiefer senkt er den Kopf, unerschütterlich scheint dieser Fels des Lebens. Dann bricht er, wie von einem unsichtbaren Blitz getroffen, krachend zusammen, so gewaltig in seinem Tode, wie er gewaltig im Leben war.

Die ungeheure Spannung löst sich in einen ungeheuren Jubel. Hunderte von Hüten und Kissen fliegen in die Arena. Der Espada geht den Kreis der Arena ab, grüßt, winkt, wirft die Hüte und die Kissen zurück, genießt den Sieg, die Sonne, das Leben und den Ruhm seiner Kühnheit, während der tote Stier von einem Maultiergespann durch den Sand der Arena hinausgeschleift wird.

Man sinkt, erschöpft von der Erregung, auf seinen Steinsitz nieder. Es ist grausam, mit dem Tode zu spielen. Es ist kühn, mit dem Leben zu spielen. Der Mensch hat solche Spiele seit den Zeiten der alten Götter immer geliebt.

Während wir noch nachdenken über diese fremde, archaische Welt, über das Spiel und den Menschen und die Welt und den Tod, hat sich das dunkle Tor aufs neue geöffnet, und in der grellen Sonne steht, schnaufend, zitternd vor Erregung, die Flanken schlagend, schwarz, drohend, die

Hufe in den Sand gestemmt, ein neuer Stier in der Arena, ein neues Monument, vom Gotte gebannt, und das Spiel zwischen Leben und Tod beginnt von neuem.

## ABSCHIED VON SPANIEN

Wir verlassen Spanien, wie man eine schöne Frau verläßt, die man nicht lange genug geliebt hat. Haben wir viel gesehen? Haben wir wenig gesehen? Wir wissen es nicht. Diese schöne Frau ist ein Geheimnis, das niemals jemand ganz ergründen wird.

Der Spanienkenner wird über uns lächeln. Vielleicht hat er recht damit. Aber wenn einer zehn Jahre mit einer Frau verheiratet ist, kennt er sie dann besser als einer, der sie drei glückliche Wochen geliebt hat? Preisen wir die Gunst eines Schicksals, das uns zu Amateuren bestimmte.

Wir haben wenig gesehen. Katalonien, das Mittelmeer, den Süden erreichten wir nicht. Wir haben Kastilien gesehen – „Burg und Herz Spaniens". Versuchen wir herauszufinden, welchen Eindruck davon wir behalten werden.

Das menschliche Gedächtnis, glücklicherweise, ist schlecht. Sonst würde man lauter Dinge sich merken, die zu merken sich nicht lohnt. Die menschliche Erinnerung, glücklicherweise, ist glänzend. Von dem Baum, unter dem man der Geliebten zum erstenmal die Hand küßte, kennt man im Alter noch jeden Zweig. In uns wirkt ein merkwürdiges Prinzip der Auswahl, das dieses unserer Erinnerung einprägt und jenes uns vergessen läßt.

Wir haben vor vielen köstlichen Plastiken gestanden, unübertrefflichen Meisterwerken der Bildhauerei, deren Meisterschaft zu erkennen gleichzeitig sie zu genießen bedeutete. Wir werden sie fast alle vergessen, so sehr wir sie bewundert haben. Jenen Sancho Pansa aber, auf seinem braven Esel auf der alten Brücke von Salamanca, den werden wir nicht vergessen. Wir haben ihn nur einen kurzen Augenblick gesehen, während wir vorüberfuhren. Er lachte so fröhlich. In Ewigkeiten werden sich unsere Bahnen nicht mehr kreuzen. Den einen kurzen Augenblick, den das Schicksal uns einander nahe brachte, wir haben ihn nicht versäumt. Wir haben die Brücke von Stern zu Stern geschlagen. Wir haben uns zugelacht. Vielleicht wird Sancho Pansa auch uns nicht vergessen.

Kastilien – das ist strahlendes Licht, unabsehbare Weite, ein verwitterter Baum und ein einsamer Hirte auf dem Felde.

Wir haben viel gesehen. Wir haben die Städte gesehen, die in dieses Land gebaut sind. Es sind Gebirge von Stein, Monumente eines gewaltigen Willens, deren Silhouetten übermenschlich in den Himmel ragen. Ein fremdes, strenges Geschlecht hat sie gebaut.

Avila, ein drohender Traum von Mauern, Türmen und Toren. Toledo, ein zerklüfteter Felsenwürfel in der Wüste. Salamanca, eine Festung aus Palästen und Kathedralen. Madrid, Königin auf dem Hügel, wie aus dem Innern der Erde hervorgebrochen und als Lava auf den Hängen erstarrt. Der Escorial, eine riesige Kaserne der Frömmigkeit von erschreckender Strenge.

Und doch, wie hat dieses fremde, strenge Geschlecht die Schönheit geliebt. Avila, der drohende Traum, wird erhellt durch die tröstende Zartheit der Madonna am Portal von S. Vicente. In dem zerklüfteten Felsenwürfel von Toledo saß Greco und malte seine flammenden Visionen. In Salamanca, der Festung der Paläste und Kathedralen, fand die

Wissenschaft für Jahrhunderte eine noble Stätte. In Madrid, der Lavastadt auf dem Hügel, wurden die erhabensten Meisterwerke der Malerei in einer wahrhaft Königlichen Sammlung bewahrt. Im Escorial, der Kaserne der Frömmigkeit, wurden Gott und die Engel gepriesen durch die Kunst. Hier wahrhaftig scheint die Schönheit das Brot der Seele zu sein.

Die Gegensätze, die scharfen, unvermittelten Gegensätze sind es, die Kastilien ausmachen. Die heiße Sonne und der eiskalte Wind, der von den Schneegebirgen herabkommt, die schönen Frauen und die strengen Sitten, Don Quichote und Sancho Pansa, Liebe zum Leben und Verachtung des Todes, Stolz und Grausamkeit, unerhörter Reichtum und unerhörte Armut, Genie und Tatenlosigkeit, Goya und Velasquez, Inquisition und Frömmigkeit, Weltherrschaft und Bürgerkrieg – das ist Spanien.

Es mag gefährlich erscheinen, solche Formeln zu prägen. Aber man prägt sie gar nicht. So treten die Dinge einem entgegen. Wo noch in der Welt gibt es ein Kloster im Gebirge, vor dessen Tor ein Kaiser seinen Purpurmantel niederlegte, dieser Kaiser, dessen letzte Worte, die er als Herrscher sprach, nachdem er feierlich in Brüssel im Kreise seiner Großen seine Abdankung vollzogen hatte, die Worte waren:

„Und nun, Ihr Herren, beachtet es nicht weiter, wenn mir altem, müden Manne jetzt die Tränen kommen ..."

Höchste Würde und höchste Menschlichkeit im selben Atemzuge! Vielleicht war dieser Habsburger, der kein Spanier war, in keinem Augenblick seines Lebens spanischer, als da er die Krone Spaniens von seinem Haupte nahm.

Der Reichtum Spaniens an alten Überlieferungen ist unerschöpflich. Vielleicht ist es auch seine Kraft, sie zu nutzen.

In diesem Land ist jeder Stein, auf den der Fuß tritt, historischer Boden. Diese alte ehrwürdige Geschichte ist von überwältigender Gegenwärtigkeit. Der Krieg, der schreckliche Vater aller Dinge, hat diesen alten Boden umgepflügt. Aber Blut ist – die Erfahrung erlaubt uns nicht, an dieser traurigen Wahrheit vorüberzugehen – immer wieder der Dünger gewesen, aus dem die großen Werke des Friedens entsprossen sind. Spaniens Genie hat dem Abendland köstliche Geschenke gemacht. Vielleicht wird eine neue große Saat aufgehen in diesem Land, dessen alte Schönheiten die Fremdlinge aus dem Norden dankbar genossen haben.

# BEGEBENHEITEN

## DAS PROBLEM VON CANDELO

Auf einer Burg in Oberitalien hat sich ein äußerst aufregender Vorfall abgespielt. Es handelt sich um eine Burg, die schon seit zweihundert Jahren keinen Burgherrn mehr hat. Sie gehört, seit der letzte Burgherr das Zeitliche gesegnet hat, den Bauern der Umgebung, die sie dazu benutzen, ihre Weinvorräte in den gewaltigen Verliesen sicher aufzuheben.

Auf dieser Burg brach Feuer aus. Als die Bauern, von den Flammenzeichen geweckt, herbeieilten, ihren Wein zu retten, entdeckten sie zu ihrem Entsetzen, daß als erstes die Holzverschalung des Brunnens ein Raub der Flammen geworden war und die in den Brunnen hineingestürzten Balken es vollkommen unmöglich machten, Wasser heraufzuholen. Die Burg brannte, und es war nur Wein da, den Brand zu löschen. Löschte man den Brand nicht mit dem Wein, so war der Wein verloren, denn die Mauern würden über den Fässern zusammenstürzen und sie zertrümmern. Nahm man den Wein zum Löschen, so war er auch verloren. Und doch, das Feuer zu löschen hatte nur einen Sinn, wenn man den Wein damit retten konnte. Die Bauern standen da wie viele Esel Buridans, die, welches Heubündel sie auch fressen würden, auf alle Fälle eine Kolik davon bekommen würden.

Wir haben hier den außerordentlichen Fall, eine allgemein menschliche Situation vor uns zu sehen, für welche es in der ganzen Antike keine Fabel, keine Metapher, kein Beispiel, kein Exempel, keinen Fall gibt. Selbst die Bibel läßt uns da im Stich, dieses Buch, in dem zwei Jahrtausende genug fanden, ihre Weisheit daraus zu schöpfen.

Sollen die Bauern löschen oder nicht? Löschen sie, so ist ihr Wein dahin. Löschen sie nicht, so ist er auch dahin. Selbst die Sophisten in Alexandria haben sich niemals so verteufelte Situationen ausgedacht.

Das Problem von Candelo – so ist der Name dieser sophistischen Burg – wird so interessant werden wie die Antinomien der Vernunft, der Fermatsche Satz, der Wettlauf des Achilles mit der Schildkröte und die Quantentheorie.

Man könnte vielleicht einen Augenblick der Meinung sein, daß es eine große und erhabene Haltung sei, zuzuschauen, wie das Wüten der Elemente den Wein vernichtet. Aber Wein ist nicht etwas nur Materielles. Der Wein hat einen eigenen Gott. Der Zorn des Bacchus wäre nicht weniger furchtbar als der Zorn des Poseidon, der den Seefahrer des Lebens nicht in seine Heimat gelangen läßt. Der Zorn Bacchus' würde vielleicht einen olympischen Durst bedeuten, den ein Odysseus der Kneipe zwanzig Jahre lang nicht stillen könnte. Ein wahrhaft furchtbarer Gedanke!

Tatsächlich, das Problem von Candelo ist das Problem der Leidenschaft. Will der Mensch das Feuer seiner Leidenschaft löschen, so kann er es nur mit seinem Blute tun. Wenn er das Feuer gelöscht hat, ist er dahin. Wenn er es brennen läßt, dann verzehrt es ihn, und er ist auch dahin.

Die Bauern von Candelo haben ihren Wein in das Feuer der Götter gegossen. Es ist des Menschen Pflicht auf dieser Welt zu verschwenden, was er behalten möchte.

Als die Bauern am Morgen die rauchenden Trümmer durchsuchten, fanden sie in einem Gewölbe, das der Zusammensturz erst geöffnet hatte, ein Faß, das niemandem gehörte. Es war unversehrt. Sie öffneten das Faß und jeder von ihnen nahm sich einen Becher von seinem Wein, der uralt war und schwer und herrlich. Der letzte Burgherr noch hatte ihn gekeltert.

Seien wir keinen Augenblick traurig über das Problem von Candelo. Denken wir daran, daß es in einer menschlichen Welt, die die Verschwendung von uns fordert, unsere Pflicht ist, wie jener Mann zu handeln, der um 1750 ein Faß verschloß, damit die Enkel um 1950 davon trinken könnten.

Möge ein jeder seinen Nachfahren, welche er niemals kennen wird, Gutes erweisen, auf daß er wert sei, aus dem Becher der Ahnen, welche er niemals gekannt hat, zu trinken.

## EIN SELTENER GLÜCKSFALL

Das Glück ist von jeher schon ein Sachverhalt gewesen, der den Menschen erstrebenswert erschien. Nur der Weise gibt sich keinen Illusionen hin. Weiß er doch, was für einen Grad von Glück es schon bedeutet, nicht ausgesprochen unglücklich zu sein, so wie Gesundheit hauptsächlich darin besteht, nicht ausgesprochen krank zu sein. Aber auch der Weise wird das Glück der Menschen immer gerne als eine Sache anerkennen, über die nachzudenken sich lohnt.

Fälle von ausgesprochenem Glück sind selten. Selbst Sauerbrodt mußte es erleben, daß sein böses Weib nur scheintot gewesen war. Hingegen ist der Fall des Xaver

Hinterstoißer, Dienstmann Nr. 11 vom Stachus in München, als ein Fall von chemisch reinem Glück anzusprechen.

Um Xaver stand es seit langem schlecht. Er befand sich in der unangenehmen Lage eines Mannes, dem der Arzt zwar das Biertrinken verboten hatte, der aber über keinerlei Mittel verfügte, dieses Verbot zu übertreten. Eines Tages fiel ihm aus der Lotterie ein Gewinn von tausend Mark zu.

Xaver hätte nun die verschiedensten Möglichkeiten gehabt, sein Leben neu zu gestalten. Er hätte sich eine Parzelle kaufen können, er hätte etwas für seine Gesundheit tun können, er hätte das Glück auf Raten in zehn Monaten zu hundert Mark langsam verbrauchen können.

Aber Xaver, der alte Adam, tat nichts dergleichen. Hatte er deshalb fünfundvierzig Jahre als ein Hallodri gelebt, um in seinen letzten Tagen wie eine Betschwester mit dem Pfennig zu fuchsen? Ein Oktoberfest, gelebt im Paradiese, ist nicht zu teuer mit – nun, wir werden sehen, womit Xaver Hinterstoißer die Zeche beglich. Jedenfalls zahlte er in bar.

Er zahlte im Augustiner und im Thomas und im Paulaner. Er soff sich bei allen Kirchenvätern der Reihe nach herum. Niemals verfehlte er, die erste Halbe auf die großen Schutzpatrone zu leeren, die ihm beim Glückskonsum behilflich waren.

Am siebenten Tage seiner Fahrt traf ihn auf einer Bank im Englischen Garten der Schlag. Xaver Hinterstoißer besaß noch drei Mark und mußte auf Gemeindekosten beerdigt werden, dritter Klasse.

Sechs Tage war er reich. Sechs Tage soff er mehr, als alle Ärzte von München ihm hätten verbieten können. Sechs Tage lud er seine Spezis ein wie früher an manchem schönen Feierabend und starb, mit einem Taler in der

Tasche, als ein reicher Mann. Mit tausend Mark war er seiner Lebtag im Glück, und mit drei Mark hat er noch sechs Halbe übrig gelassen. Nun, die werden ihn nicht reuen. Bis er diesen Rausch ausgeschlafen hat, ist der Jüngste Tag schon angebrochen.

Das Glück ist apoplektisch und tausend Mark ein Geld, wenn man es nur nicht überlebt. Xaver Hinterstoißer hatte die Ökonomie des Daseins begriffen.

Friede seiner Asche!

## GEBURT DER VENUS

In der großen Ausstellung der Royal Academy of Arts ist ein Bild ausgestellt, das aus dem Rahmen fällt. Freilich fällt es nicht auf das Parkett, sondern in die Seele des Beschauers hinein, um sie in Erstaunen zu setzen. Es ist das die Aufgabe, die Bilder auf der Welt haben. Wie selten auf dieser Welt erfüllt etwas die Aufgabe, die es hat.

Das Bild zeigt das Deck eines kleinen Heringsdampfers, der irgendwo zwischen Aran und den Lofoten herumschwimmt. Es ist gut, daß es keine Yacht ist, sondern ein Heringsdampfer. Von einer Yacht kann man träumen. Aber Yachten haben etwas Unsolides. Entweder sie gehören Millionären, die man nicht kennt, oder sie kommen in jenen Romanen vor, die wir deshalb so gerne lesen, weil sie so schlecht sind, daß wir sie selber hätten geschrieben haben können. Keiner von uns hat jemals wirklich lustgekreuzt, aber einen Hering ißt man zuweilen zum Abendbrot, und zwar besonders dann, wenn man zufrieden ist und ein gutes Gewissen hat. So erregt der Anblick eines Heringsdampfers ein Gefühl von Vertrautheit, Menschlichkeit und Alltäglichkeit. Ich glaube, daß es die Absicht des Malers war, gerade diese Atmosphäre in uns wachzurufen, um dann jenes wunderbare Ereignis eintreten zu lassen, das auf dem Bilde dargestellt ist.

Dieses wunderbare Ereignis ist nicht mehr und nicht weniger als die Geburt der Venus. Die Heringsfischer haben das Netz an Deck gezogen. Als sie es ausbreiten, enthüllt sich ihnen in unerhörter Reinheit und Keuschheit die Anadyomene, aus dem Schaum der Nordsee geboren.

Mit dem Ausdruck verzauberten Erstaunens betrachten die Fischer ihren Fang. Auf ihren Gesichtern liegt ein Ausdruck vollständiger Unschuld. Nur der erste Bootsmann, der wahrscheinlich ein Wesleyaner ist, hält die Mütze vors Gesicht. Mit dieser einen kleinen Geste puritanischer Verzagtheit ist alles in nuce angedeutet, was die Geburt der Göttin in dieser Welt für Folgen haben wird.

Wir haben keinen Anlaß, auch nur einen Augenblick daran zu zweifeln, daß sich das Ereignis morgen so abspielen kann, wie es heute gemalt worden ist. Fischer haben sich seit Jahrtausenden nicht geändert, und dem Meer ist noch keine halbe Minute seiner Ewigkeit verflossen, seit es die erste Venus aus dem Schaume steigen ließ. Auch damals war eine Zeit, da Venus nicht auf Erden weilte. Freilich, die Menschen waren voller Unschuld und warteten darauf, daß die Göttin der Liebe erscheinen sollte. Als sie emporstieg aus dem Schoß des Meeres, gehörte ihr die Welt. Es war nicht das schlechteste Zeitalter, als die Menschen der Venus dienten.

Die Venusfischer des Heringsdampfers der königlichen Akademie werden in arge Verlegenheit geraten. Es ist anzunehmen, daß der wesleyanische Steuermann Venus alsbald in seinen Mantel hüllen wird, wodurch sie viel von ihrer königlichen Unschuld verlieren wird. Außerdem muß er den Vorgang ins Logbuch eintragen. Dabei wird er in stilistische Schwierigkeiten geraten. Ohnehin hat Poesie im Schiffsjournal nichts zu suchen. Zudem graust ihm ein wenig vor den Schwierigkeiten mit der Hafenbehörde. Es ist jedem Schiff erlaubt, mit einigen Leuten weniger heimzukommen, als es beim Auslaufen an Bord hatte. Daß Leute ins Meer fallen, ist eine anerkannte und erlaubte Sache. Daß irgendwelche Personen aus dem Meer aufsteigen, dafür fehlen alle gesetzlichen Unterlagen.

Die Immigrationsbehörde wird sich in die Sache einmischen. Da die Dame in dem wesleyanischen Steuermannsmantel keine Nationalität hat, wird Venus möglicherweise aus England ausgewiesen werden. Der wesleyanische Steuermann wird außerordentliche Schwierigkeiten mit seiner Gattin bekommen, wenn sie Venus in seinem Mantel, mit dem ihr so wohlbekannten Flicken am Ärmel, von Bord gehen sieht. Aber da kein Strahl aus dem Auge der Göttin sie treffen wird, wird auch künftig die Liebe ihr Leben nicht beunruhigen. Venus, die Schaumgeborene, aber wird etwas erleben, was ihr neu ist. Wenn sie vor den strengen Herren der Hafenbehörde stehen wird, wird sie sich das erstemal genieren. Dabei wird sie nicht einmal wissen, was das eigentlich ist. Dann werden die Reporter kommen und sie für die Londoner Abendblätter interviewen.

Die Reporter, die gewohnt sind, Radschas aus Singapore und Negerkönige von der Goldküste zu interviewen, werden nicht in Verlegenheit geraten. Mit einem alten Homer bewaffnet, werden sie so antik sein, wie Reporter sein können. Schließlich werden sie irgendwo einen levantinischen Schiffskoch auftreiben, der außer Armenisch, Arabisch und Ägyptisch auch noch ein paar Brocken Griechisch spricht.

OLAF GULBRANSSON 48

Dann wird Venus für die neue Revue am Oxford Circus ein glänzendes Angebot bekommen. Die Tillergirls werden sich über ihre vollschlanke Linie mokieren. Das wird sie nicht stören. Aber einige Lords werden ihr einen Heiratsantrag machen. Das wird zuviel sein für die Göttin. Eines Tages wird Venus verschwunden sein. Bei Sonnenuntergang ist sie hinter Falmouth aufs Meer hinausgeschwebt und in den feurigen Wagen Apolls gestiegen, um mit ihm hinter dem Horizonte unterzutauchen. Die wesleyanische Ordnung ist wiederhergestellt. Das aus dem Rahmen gefallene Bild in der königlichen Akademie kehrt wieder an seinen Platz zurück.

Nur der Schiffsjunge des Heringsdampfers wird niemals mehr aufhören können, von der schaumgeborenen Göttin zu träumen. Sein Knabenherz war der einzige Zufluchtsort, den Venus in England hätte finden können. Sie wußte, daß dieses Herz ihr nicht gehören sollte. So ließ sie ihm nur die Sehnsucht. Dieser Schiffsjunge wird als alter Mann seinen Enkelkindern von der Geburt der Venus erzählen. So wird, wenn Venus schon lange wieder verschwunden sein wird, die Wahrheit zu einem Märchen geworden sein, das unschuldige Herzen erfreuen wird.

## SCHORNSTEINENTSCHLÜSSE

Es ist ein feiner Trick der Natur, daß man nach seinem Tode nicht mehr am Leben ist. Der Leser, der glaubt, über die Banalität dieses Satzes lachen zu dürfen, wird sogleich bemerken, daß er sich blamiert hat. Es ist ein außerordentlich tiefsinniger Satz. Ich bin nicht wenig stolz darauf, ihn in dieser lapidaren Kürze als erster niedergeschrieben zu haben.

In einer kleinen Stadt in Sachsen hat sich ein merkwürdiges Ereignis zugetragen. Dorten beschloß ein Mann, der mit dem Leben fertig zu sein glaubte, sich umzubringen. Er stand nur noch vor der Wahl, auf welche Weise er das bewerkstelligen sollte.

Dieses ist in der Tat eine Schwierigkeit. Wenn ein Mensch beschließt, eine Ewigkeit nichts mehr fühlen zu wollen, sind ihm gewöhnlich auch drei Sekunden Schmerz vorher noch zuviel.

Der Gedanke, sich jederzeit von hinnen begeben zu können, gibt dem Menschen das Gefühl der Freiheit. Aber zufolge des oben erwähnten Tricks der Natur ist es unmöglich, von dieser Freiheit irgendeinen vernünftigen Gebrauch zu machen. Der Selbstmord ist die Möglichkeit kat'exochen. Möglichkeiten in Wirklichkeiten umzusetzen, ist zwar eine der aufrichtigsten Bemühungen des Menschen, aber jedenfalls auch diejenige, welche ihm im Leben die meisten Enttäuschungen einbringt. Sich mit der Möglichkeit des Selbstmordes zu beschäftigen ist ein Zeichen von Weisheit. Ihn auszuführen ist eine geradezu erstklassige Dummheit. Bei einem so klugen Volke, wie die Hellenen es waren, wurde der Selbstmord mit dem Tode bestraft. In der Tat weiß man von keinem einzigen Philosophen, welcher den Selbstmord gepriesen hat, daß er sich wirklich umgebracht habe. Die Philosophen, sofern sie nicht hervorragende Dummköpfe waren, haben niemals den Selbstmord gepriesen, sondern immer nur die Möglichkeit des Selbstmords.

Jener Mann in der kleinen Stadt in Sachsen kam nach langen Überlegungen zu dem Entschluß, auf einen Fabrikschornstein seiner Vaterstadt zu klettern und sich von da ins Nichts hinabzustürzen. Der Ablauf dieses Unternehmens war lächerlich genug. Es war diese Art von Lächerlichkeit, von der aus zum Erhabenen nur ein Schritt ist. Als er oben angekommen war, verließ ihn sowohl der Mut vor dem Tode, wie die Feigheit vor dem Leben. Er fing an, so lange zu brüllen, bis die Leute auf ihn aufmerksam wurden und die Feuerwehr ihn herunterholte.

Daß die Brücke vom Tod zum Leben eine schräge Feuerwehrleiter ist, ist überraschend. Den Dichtern sollte das Veranlassung geben, statt des Mondes und der Blumenwiesen die Feuerwehrleitern zu besingen.

Dem Mann auf dem Schornstein kann man jedenfalls das zubilligen, daß er seinen Entschluß reifen lassen wollte. Wenn man eine Eignungsprüfung für Entschlüsse einführen wollte, man müßte die Entschlüsse auf Schornsteine setzen.

Als der gute Mann, der sich ins Nichts stürzen wollte, hinabsah, bemerkte er, daß das Nichts ein ziemlich häßlicher Fabrikhof, also jedenfalls etwas war. Selbst wenn man sich ins Etwas stürzen will, sucht man sich dazu nicht einen häßlichen Fabrikhof aus.

Als er weiter umherblickte, sah er die Straßen, auf denen er als kleiner Knabe seine Dummheiten getrieben hatte. Dann erblickte er das Wirtshaus, in dem er noch einige Schulden hatte. Es war ihm unangenehm. Schließlich wurde ihm klar, daß von all den Gefühlen des Bedauerns und vielleicht auch der Reue, welche bei den Nächsten und Fernsten zu erzeugen er dieses Unternehmen gestartet hatte, er niemals irgend etwas erfahren würde. Es wurde ihm klar, daß er nach seinem Tode nicht mehr am Leben sein werde. In diesem Augenblick siegte die Neugier. Es schien ihm immer noch interessanter zu erfahren, was die Leute über seinen Versuch sagen würden, als niemals zu erfahren, was sie zu seiner Ausführung gesagt hätten.

Man sieht, die Spitze eines Schornsteins ist ein hervorragender philosophischer Punkt. Er ragt dreißig bis fünfzig Meter über alle übrigen philosophischen Punkte hervor. Wenn man andere retten will, braucht man meistens nur ein wenig freundlich zu ihnen zu sein. Wenn man sich selbst retten will, steigt man am besten auf einen Schornstein.

Entschlüsse soll man nicht mehr auf die Waage legen, sondern auf die Schornsteinspitze hinauftragen. Über die Feuerwehrleiter wieder in die Ebene der Menschen hinabgelangt, sind Schornsteinentschlüsse geeignet, manches Gute im Leben zu stiften.

## MOMENT MUSICAL

Geschwindigkeit ist der Stolz unserer Zeit. Wenn einer mit hundert Kilometern über die Landstraße braust, so bläht er sich ein wenig auf, als ob es sein Verdienst wäre, daß es so schnell geht. Freilich, wenn sich ein Ochse über den Weg stellt, dann ist es aus mit dem Stolz, und die hundert Pferde müssen vor dem einen Ochsen halten. Automobilfahrer fangen dann an, über den Ochsen zu schimpfen. Sie ahnen nicht, daß der Ochse ein Wink des Himmels ist, der sie an die Unvollkommenheit nicht der Landstraße, sondern des Lebens erinnern soll. Man möchte meinen, wenn der Himmel mit einem Ochsen winkt, so müßte das zu sehen sein. Aber die Menschen sind blind bis zu dem Baumstamm, an welchem Hoffart und Geschwindigkeit so leichtlich in einem Haufen Blech und Knochen ihr Ende nehmen. Der Zeitgenosse, der mit dem D-Zug über die Schienen eilt, ist besser daran. Irgendwo zwischen Marktredwitz und Weiden kreischen plötzlich die Bremsen und der D-Zug hält. Der Reisende liest noch sieben Zeilen Leitartikel, dann sieht er auf.

Es ist halb sieben Uhr abends.

Ein Blick aus dem Fenster zeigt, daß die Sonne sich soeben anschickt, über blauen, fernen Hügelketten unterzugehen. Ein weißer Streifen Abendnebel zieht langsam vom Bach herauf. Eine Kuh blickt mit ihrem großen, seelenvollen Auge still und nachdenklich den D-Zug Berlin–Rom an und wedelt mit dem Schwanz. Man braucht nicht anzunehmen, daß sie sich bewußt ist, zwischen Rom und Berlin zu stehen, sowenig als sie weiß, daß ihr Schwanz zwischen Paris und Moskau hin und her pendelt. Sie steht auf einer Wiese, welche älter ist als Rom, Moskau und Paris zusammen. Sie steht schlechthin. Der Zeitgenosse, der bis zum Kreischen der Bremsen nur ein lächerliches Partikel der Zivilisation war, erblickt aus dem haltenden Zuge plötzlich eine uralte Wiese. Er blickt auf die Astern im Garten des Bahnwärterhauses. Er sieht eine Katze, einen Mann, ein Kind. Er sieht Rauch aus einem Schornstein steigen und riecht Bratkartoffeln. Sofern er das nur alles wirklich bemerkt, ist er schon ein Mensch. Es ist ein Moment musical der Philosophie. Wenn der Himmel mit einer Aster winkt, dann möchte jedermann Bahnwärter werden. Der Mann, der später die Bratkartoffeln essen wird, gibt die Strecke frei, die Strecke nach Rom. Vielleicht ist er hungrig.

Die Bremsen lockern sich. Der Zug rollt an. Der Mensch wird aus der Stille der Betrachtung wieder in den rasenden Strom der Geschwindigkeit hineingerissen.

Der letzte Brief, den Lord Nelson an Lady Hamilton geschrieben hat, war seit Jahrzehnten verschwunden. Jetzt hat man erfahren, wie er abhanden gekommen ist. Lady Llangyattock hatte ihn kurz vor dem Krieg auf einer Auktion für über tausend Pfund Sterling erworben. Um ihn sicher aus London hinaus auf ihr Schloß zu befördern, wandte sie Vorsicht an. Ihre Art von Vorsicht erinnert an die Maßnahmen, welche die Alten zu ergreifen pflegten, wenn sie den Folgen eines delphischen Spruches entgehen wollten.

Hätte sie den Brief in ihrer Handtasche mitgenommen, wäre nichts weiter mit ihm passiert. Lady Llangyattock wandte eine so komplizierte Art von Vorsicht an, daß der Brief notwendig verlorengehen mußte.

Sie beauftragte ihren Haushofmeister, den Brief zwischen Seidenpapier in einer Hutschachtel zu verpacken und auf das Schloß zu schicken. Sie selbst hatte unterwegs einen Radbruch und mußte sich einen Tag in einem verlassenen Dorf aufhalten. Als sie mit Verspätung endlich auf ihrem Schloß eintraf, war die Hutschachtel mit der gewöhnlichen Post schon angekommen gewesen. Der Hut war von der Zofe ausgepackt und fein säuberlich in den Schrank gelegt worden. Das Seidenpapier war verbrannt worden und mit ihm der Brief.

Lady Llangyattock hat sich so sehr geniert, durch ihre Vorsicht die englische Nation um ein so kostbares Gut gebracht zu haben, daß diese ganze Geschichte erst nach ihrem Tod bekannt geworden ist.

Sicher müßten wir alle traurig sein, den Brief dieses großen Mannes, der den Schlußstein in den Bau des englischen Weltreiches setzte, nicht zu kennen. Man ginge wohl nicht fehl in der Annahme, daß er einige bedeutende Äußerungen enthalten habe. Was für ein Kummer, dieses letzte Dokument aus dem Briefwechsel eines der edelsten Liebespaare, das die Welt gesehen hat, nicht zu erkennen. Sogar unser Kummer entbehrte nicht einer gewissen Erhabenheit.

Freilich, er ist verfrüht. Wir haben nicht mit der vollen weiblichen Vorsicht der Lady Llangyattock gerechnet. Bevor sie den Brief des Mannes, der im Donner der Schlacht für ein Weltreich sein Leben ließ, in die Hutschachtel verpackte, nahm sie eine Abschrift. Deren Inhalt erfahren wir nun.

Wahrhaftig, dieser Brief ist ein Dokument menschlicher Größe, wie es nur wenige gibt. Es steht nämlich so gut wie gar nichts in diesem Brief. Das heißt, man kann auch sagen, es steht alles darin. Es steht alles darin, was eine geliebte Frau von dem Mann, den sie liebt, wissen will, nämlich, daß er immerzu an sie denke, daß er sich nach ihr sehne, daß er fragt, ob der letzte Brief, in dem genau dasselbe darin stand, angekommen sei, daß er bald wiederzukommen hoffe.

Genau genommen, es könnte der Brief irgendeines Matrosen an seine Braut in Bristol sein.

Welche Größe liegt darin, zugleich ein großer Admiral und ein Mann von einfachem Herzen zu sein. Wenn er immerzu an die Geliebte denkt, so tut er das, während er auf Nachrichten vom Feinde wartet. Wenn er sich nach ihr sehnt, so tut er das, während er seekrank ist. Wenn er nach dem Verbleib seines letzten Briefes fragt, so tut er das, während England um eine Botschaft von ihm zittert. Wenn er bald wiederzukommen hofft, kann er das nur, wenn er die Schlacht gewonnen haben wird, die noch keinen Namen hat und das Schicksal eines Jahrhunderts entscheiden wird. Ein Brief, zwischen dessen Zeilen die Geschichte Englands steht, ohne mit einem Wort erwähnt zu werden, der Brief eines Helden.

Wie glücklich ist die Frau zu preisen, an die dieser Brief gerichtet war.

## EIN SAMMLER

In Edinburgh hat ein Mann seinen achtzigsten Geburtstag gefeiert, der über eine einzigartige, die ganze Welt umfassende Sammlung verfügt. Obwohl er eine der besten Sachen, die es überhaupt auf unserer Erde gibt, gesammelt hat, gilt er für einen Narren. So ist es eine lohnende Aufgabe, über diesen Mann und sein Steckenpferd zu berichten.

Das Sammeln ist des Knaben früheste Leidenschaft. Was die Hosentasche eines Mannes im Alter von vier Jahren alles enthalten kann, davon kann sich eine erwachsene Phantasie keinen Begriff machen. Nicht nur, daß eine solche Hosentasche die allermerkwürdigsten und allerverschiedenartigsten Gegenstände enthalten kann, jeder einzelne dieser Gegenstände ist ein Abenteuer, eine Entdeckung, ein Symbol, ein Stück eroberter Umwelt. Einer jener magischen Sachverhalte, deren Ursprung in die Urzeiten des menschlichen Geschlechtes zurückreicht, hat dazu geführt, daß Mädchen keine Hosentaschen haben. Man sieht ohne weiteres, wie sehr sich eine Welt, die man in die Tasche stecken kann, von einer Welt, die in ein Körbchen gepackt wird, unterscheiden muß.

Das Gehirn eines erwachsenen Mannes ist von der Hosentasche seiner Knabenzeit nicht sehr verschieden. Er bewahrt darin die allermerkwürdigsten und allerverschiedenartigsten Dinge, die der Zufall des Lebens an seinem Periskop vorübergeschwemmt hat. Dazu ist er der festen

Überzeugung, daß gerade das die wichtigsten Dinge von der Welt seien.

Die Hosentasche der erwachsenen Knaben weitet sich. Das Sammeln ist die früheste Leidenschaft des Knaben und die letzte Freude des alten Mannes. Wenn die Männer alle Dinge des Lebens mit soviel Sachkenntnis, Aufopferung und Begeisterung betrieben wie das Sammeln, würde die Welt vermutlich sich bedeutend angenehmer präsentieren, als sie es derzeit tut.

Männer sammeln Briefmarken, Raffaels, Spazierstöcke, Glimmerschiefer und Goethebriefe, je nachdem. Zweifellos sind diese Gegenstände nicht von gleichem Range. Es ist nicht ratsam, sich mit ihren Sammlern über diesen Rang zu streiten. Von allen edlen Pferden auf dieser Welt ist das Steckenpferd das edelste.

Der Mann in Edinburgh hat weder Glimmerschiefer noch Goethebriefe gesammelt. Er sammelte etwas, das wir alle zum Leben brauchen, etwas, dem die Landschaft ihr Grün und die Speisekarte ihren zweiten Gang verdankt, etwas, das Reichtum auf seinem Rücken trägt und jedem Armen gehört, etwas, das wir im Winter beschreiten, um uns im Sommer hineinzustürzen. Der Narr in Edinburgh sammelte das Wasser von Flüssen.

Es ist nicht einzusehen, warum man nicht vor einer Kelle Wasser aus den Fluten des heiligen Nil ebenso in erhabene Betrachtungen versinken sollte, wie vor einem Stein von den Pyramiden oder einer Goldspange aus einem Pharaonengrab. Der Nil ist älter und heiliger als alle Denkmäler Ägyptens.

Ein Tropfen Wasser aus dem Mississippi, dem *Old man river*, kann einem mehr von der Geschichte Amerikas erzählen als ein Dutzend Schulmeister. Vielleicht hat ihn

Onkel Tom schon im Munde gehabt und wieder ausgespuckt, und die Infusorien in seinem weltallgroßen Rund haben den frommen Negerliedern gelauscht, die durch sie hinbrausten wie die Fanfaren des Jüngsten Gerichts.

Wasser aus der Donau, Wasser aus dem Ganges, Wasser aus dem Jangtsekiang . . . Wahrhaftig, dieser Narr in Edinburgh hat in einer tiefsinnigen Weise die Welt auf Flaschen gezogen. So spaziert er in warmen Filzschuhen die Flüsse entlang, die die Scharen der Völker hinabgezogen sind unter den Wolken, die bergwärts zogen.

Wenn er tot sein wird, wird man alle Flüsse der Welt in einen Eimer gießen und das Steckenpferd, das keinen Herrn mehr hat, darin ersäufen. Das Steckenpferd wird um seinen Tod nicht trauern. Wir aber sollten daran denken, uns ähnlich buntgezäumte Tiere in den Stall unseres Feierabends zu stellen. Wenn die Narrheit nicht dafür sorgt, daß die Welt bunter wird, dann wird sie vor Vernunft so grau werden, daß sie keinem Weisen mehr gefallen kann.

## DAS GESCHENK DES MAHARADSCHA

Maharadschas sind die wandelnden Märchenfiguren unserer Zeit. Wir müssen diesen liebenswürdigen indischen Despoten das Zugeständnis machen, daß sie sich ihrer märchenhaften Verpflichtungen immer in der nobelsten Weise entledigen. Immer wieder einmal heiratet ein Maharadscha eine arme Pariser Modistin, und jeder von uns hat die Vorstellung, daß, wenn ein Maharadscha in einem Berliner Grandhotel sich die Nägel schneiden läßt, er niemals verfehlen wird, das Maniküremädchen mit einer Perlenkette zu beschenken.

Wir wollen auch nicht auf jenen tückischen Statistiker hören, der uns vorzurechnen versucht, daß Perlen keine Zinsen trügen und sehr im Wert gesunken seien, und daß ein mecklenburgischer Viehgroßhändler weit wohlhabender sei als ein Maharadscha. Es kommt uns ja bei dem Maharadscha nicht auf die Perlen an, die er behält, sondern auf die, die er verschenkt.

Nun hat vor einiger Zeit der Maharadscha von Kashnapur auf einer Autofahrt von Marseille nach Paris einen Beutel mit Perlen und Brillanten im Werte von zweiundfünfzig Millionen verloren. Es ist dabei ganz gleichgültig, ob es zweiundfünfzig Millionen Pfunde, Dollars oder Pfennige sind. Es ist jedenfalls eine märchenhafte Summe.

Den Beutel hat ein Bauer gefunden, der vom Feld nach Hause zog. Natürlich hat er ihn beim Maire abgegeben. So kam der Maharadscha leicht und bequem wieder zu seinen Kostbarkeiten. Da er sich seiner Verpflichtungen bewußt war, schenkte er dem Bauern einen Diamanten im Werte von einer Million.

Der Bauer zog nach Hause, an der rechten Hand seinen braven Gaul, der ihm seinen Acker umpflügen hilft, in der linken einen blitzenden Kieselstein, geeignet, jedem Kind helle Freude zu bereiten.

Weiter hat man von diesem Bauern nichts mehr gehört. Wahrscheinlich sind später die Pariser Juweliere bei ihm erschienen und haben ihm die unglaubhaftesten Summen für seinen Kieselstein angeboten. Wenn der Bauer Glück gehabt hat, dann hat sein Jüngster den Kiesel in den Teich geworfen, und er lebt arm und glücklich weiter. Wenn er Pech gehabt hat, hat er den Kiesel günstig verkauft und lebt nun in Paris in einem scheußlichen Haus ohne Misthaufen und ohne Hühner auf der Diele und ist reich und unglücklich.

Wenn Maharadschas sozial dächten, dann hätte wohl dieser dem Bauern ein zweites Pferd geschenkt. Das wäre sicher ein reichlicher Dank gewesen für die Ablieferung eines Beutels durchsichtiger Kieselsteine. Aber der Herrscher von Kashnapur dachte nicht sozial, und so ist der Bauer jedenfalls ziemlich hereingefallen.

Was den Bauern von uns allen unterscheidet, ist, daß ihm ein Glück in den Schoß gefallen ist, das er gar nicht gesucht hatte. Das kann unsereinem so leicht nicht zustoßen.

Ein Bauer hat vom Glück eine sehr präzise Vorstellung. Daß es regnet, wenn die Saat kommt, daß die Sonne scheint, wenn er das Heu einbringen will, das ist Glück. Daß die Kuh gesund bleibt, und Weib und Kinder auch, das ist Glück. Daß der Sohn kräftig wird und ein guter Bauer, das ist Glück.

Wir, die wir von der Zivilisation angefressen sind, haben vom Glück nur sehr verworrene Vorstellungen. Das alte Märchen von der Fee mit den drei Wünschen würde heute nicht anders verlaufen als dazumal.

Schwerlich würde die Fee jemanden finden, der sich wünschte, in der Sonne zu sitzen, nichts zu tun zu haben und eine Zigarette, die nicht ausginge. Schwerlich auch würde sie jemanden finden, der Fischer an der Küste von Sizilien sein möchte, obgleich diese Fischer zu den wenigen Leuten auf unserem kleinen Erdball gehören, die nachweisbar nicht nur glücklich sind, sondern sich auch so fühlen.

Wir wissen alle, was Unglück ist. Wir wollen es gerne vermieden sehen. Was Glück ist, das wissen wir alle miteinander nicht genau.

So wandert die Fee über unsere hiesigen Gefilde. Sie schenkt den Diamanten von einer Million Mark einem Bauern. Sie spielt eine kostbare Ausgabe des Aristoteles einem in die Hände, der nur Detektivromane liest. Sie sendet einen Mann nach der Märcheninsel Bali, dessen Lebensziel es ist, Nähmaschinen zu verkaufen.

Freilich, zuweilen auch läßt die Fee dem Bauern Sonne auf sein Heu scheinen. Vielleicht wird der Mann mit dem Aristoteles noch einen Satz entziffern können. Das wäre wahrhaftig ein Glück für ihn. Die Weisheit eines griechischen Philosophen vermag selbst über ein Leben mit Detektivromanen hinwegzutrösten. Selbst der Mann mit den Nähmaschinen wird sicher einmal irgendwann vom Zauberstab der Fee berührt werden und wird eine Minute lang vor einem Tempel der Kwanyin stehen, der großen Göttin des Mitleids, und eine Minute lang wird er etwas von dem Glück empfinden, das die Betrachtung der Kunst dem Menschen zu vermitteln vermag.

Ackern wir weiter, lesen wir Detektivromane und verkaufen wir Nähmaschinen. Schließlich, die Welt lebt nicht vom Glück. Wenn wir den Diamanten geschenkt bekommen im Werte von einer Million, dann wollen wir nicht kleinlicher sein als der Maharadscha des Schicksals, von dem wir ihn bekommen haben. Wir wollen den Diamanten nicht an die Juweliere verschachern, sondern wir wollen ihn als Kieselstein einem kleinen rotznäsigen Knaben schenken. Eine weggeschmissene Million ist nicht schlecht, wenn man weiß, daß es eine Million war. Ein Vermögen in den Teich zu werfen, von dem man nicht einmal weiß, daß es ein Vermögen war, das ist Größe.

Ein Karpfen wird den Diamanten schlucken. Der Viehhändler Theobald Polykrates aus Waren an der Müritz wird ihn an einem Sonntag auf die Gabel spießen.

Möge er ihm wohl bekommen!

# DIE GÖTTLICHE PFERDEFLIEGE

In Jütland ist eine schreckliche Pferdefliegenplage ausgebrochen. Die zuständigen Behörden haben sich der Sache angenommen. Da es nicht zur Ausbildung von Verwaltungsmännern gehört, über Pferdefliegen Bescheid zu wissen, verschrieb man sich einen Hygieniker aus des Reiches Hauptstadt.

Dieser Mann natürlich war entzückt. Wenn man viele Jahre seines Lebens damit zubringt, im Laboratorium hinter Bouillonröhrchen und Petrischalen zu sitzen, so ist eine solche Aufgabe wie die, die Pferdefliegen von Jütland auszurotten, so, als ob man aus der Etappe an die Front gerufen würde.

Ein ganzes Leben lang hatte dieser Mann sich mit der Schädlichkeit von Parasiten befaßt. Er kannte diese Biester in allen ihren Größen und Ordnungen besser als irgend etwas auf der Welt. Es bedeutete für ihn keine Schwierigkeit, die Hinterbeine einer Pferdefliege in fünfzigfacher Vergrößerung mit dem Finger an ein beschlagenes Fenster zu malen. Er kannte alle ihre Teufeleien. Er kannte sogar die Läuse, die den Pferdefliegen im Pelz sitzen. Wenn man ihn darum gebeten hätte, hätte er aus dem Darm einer Laus, die einer Pferdefliege im Pelz sitzt, noch ein ganz gefährliches Bacterium coli züchten können, das auf Agar-Agar in grünen Sternen wächst.

Nichts war diesem Mann selbstverständlicher, als daß man Parasiten ausrotten müsse. Er verfügte über die profundesten Kenntnisse dahingehend, wie man diese Ausrottung am gründlichsten und vollständigsten vornehmen könnte.

So fuhr er, mit Begeisterung und Wissen ausgestattet, nach Jütland, den Pferdefliegen ein Cannae zu bereiten.

Er hatte sich auf allerhand Widerstände gefaßt gemacht. Er wußte, die Pferdefliegen würden auch ihrerseits Maßnahmen ergreifen, etwa in Richtung einer maßlosen und ungeheuerlichen Vermehrung. Aber er scheiterte nicht an den Pferdefliegen, sondern an der Frömmigkeit des Bauern Jens Pedersen.

Der Krieg gegen die Pferdefliegen wäre für diese bald verloren gewesen. Schier überall wurde so rigoros gegen sie vorgegangen, daß sie sich auf keinen Fall hätten halten können. Aber auf dem Hofe von Jens Pedersen fanden sie Zuflucht und immer wieder neu die Möglichkeit, sich zu vermehren, worin Pferdefliegen sehr Bedeutendes zu leisten vermögen.

Jens Pedersen schlug keine Pferdefliegen tot. Der Hygieniker ließ es sich nicht verdrießen, Jens Pedersen persönlich aufzusuchen. Er hatte einen verbohrten, hartnäckigen und bösartigen Mann erwartet. Statt dessen empfing ihn ein äußerst freundlicher Mann milden Gebarens. Der Hygieniker richtete seine Batterie aus, um Jens Pedersen unter einen Hagel von unwiderleglichen Argumenten zu setzen. Es schien schlecht um das letzte Bollwerk der Pferdefliegen zu stehen.

Jens Pedersen ließ den Hygieniker gar nicht zu Worte kommen. Er erklärte ihm, daß die Pferdefliegen Geschöpfe Gottes seien und daß niemand ein Recht habe, sie totzuschlagen.

So saßen sich bei einem Teepunsch in einer jütländischen Bauernstube die Jahrhunderte milde, aber unversöhnlich gegenüber. Eine übergroße Pferdefliege fiel in des Hygienikers Tasse. Er betrachtete eine Weile ihre Schwimmversuche, dann fischte er sie vorsichtig heraus und setzte sie auf die Decke. Als sie sich erholt hatte, flog sie dem Manne,

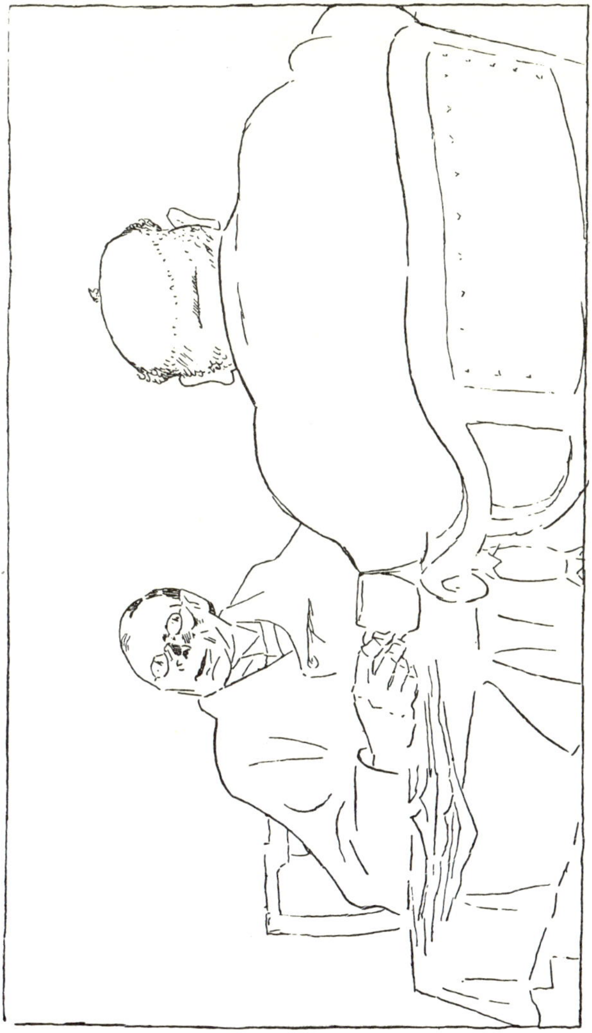

der sein Cannae gefunden, auf die Glatze und spazierte dorten des längeren auf und ab.

Die Wissenschaft schwieg, ein wenig verlegen, und Jens Pedersen lächelte ein mildes Lächeln dazu.

## EINE NACHRICHT

Beim Angeln am Landwehrkanal des Lebens ist ein Adverbium am Haken hängen geblieben. Dieses Adverbium nötigt uns, uns endlich einmal mit dieser bescheidenen Sorte von Wörtern zu befassen. Dabei werden wir entdecken, daß die Adverbien, ohne viel Aufhebens zu machen, einen beträchtlichen Teil unserer Welt besetzt haben. Das haben sie so geschickt gemacht, daß wir nicht das geringste davon gemerkt haben. Man würde sich daher kein bißchen wundern, wenn die Adverbien Feminae wären von der Art der Hausdamen oder Privatsekretärinnen. Tatsächlich ist das Adverbium ein ebenso unverbindliches Neutrum wie das Mädchen. Nur die Art, wie sie beide die Verben verbindlich machen, ist eben durchaus nicht unverbindlich.

Das Adverbium an unserer Angel fand sich in folgender Nachricht aus aller Welt:

„Ein plötzlich irrsinnig gewordener Mann hob in Saloniki (Griechenland) sein gesamtes Bankkonto von 25 000 Drachmen ab und verteilte es an einer Straßenecke. Passanten und Straßenjungen rissen sich um das Geld, bis die Polizei dem Treiben ein Ende machte."

Wir haben es hier mit einem wahren Meisterwerk einer Nachricht zu tun. Aus dieser Nachricht auch nur eine Anekdote zu machen, hieße, sich einer unziemlichen Breite bemüßigen. Man könnte darüber eine Abhandlung in sieben

Hauptabschnitten mit dreiundzwanzig Kapiteln schreiben. Das Vollkommene ist unbegrenzt kommentierfähig. Das kann man am Corpus Juris Romanum sehen, das an Klarheit vollkommen, oder an der griechischen Architektur, die an Schönheit vollkommen, oder an Shakespeare, der an Tiefe vollkommen ist. An jede Vollkommenheit schließt der Kommentar sich an, weil ja nichts auf Erden vollkommen sein kann.

Es beruhigt uns, daß es 25 000 Drachmen sind und nicht 250 000. Denn 25 000 Drachmen fangen gerade erst an, so etwas wie ein Vermögen zu sein. 250 000 Drachmen ließen sich vermutlich auch nicht verteilen, ehe die Polizei dem Treiben ein Ende macht.

Daß der Mann „plötzlich" irrsinnig geworden sein soll, das natürlich nehmen wir nur mit Zurückhaltung entgegen. Es kann sehr wohl sein, daß der Prozeß, dessen dramatisches Ende wir miterleben, sich in vielen Jahren langsam entwickelt hat. Vielleicht hat das, was bei der fünfundzwanzigtausendsten Drachme zum Ausbruch kam, mit der ersten Drachme schon angefangen. Wir sind nur nicht imstande, die Folgerichtigkeit einer Entwicklung zu sehen, deren Beweggründe wir nicht kennen. Das Verhalten der Passanten steht zu dem der Straßenjungen in einem scharfen moralischen Gegensatz, obgleich sie sich beide um das Geld rissen. Es ist sicher das gute Recht von Straßenjungen, herumzulungern und sich etwas in den Schoß fallen zu lassen, und sei es das Glück. Es läßt sich also nicht das geringste gegen die Straßenjungen sagen, daß sie das, was ihnen geboten wurde, ergriffen. Schließlich warten sie ja immer auf irgend etwas, was unvermutet ihnen zufällt, einen Zigarettenstummel, eine Orange, eine Backpfeife, einen Dukaten. Sie leben, um das Unerwartete als ein Geschenk der

Götter hinzunehmen. Nicht so die Passanten! Jeder von ihnen ist ein ordentlicher Mensch, der von irgendwoher kommt und irgendwohin geht. Jeder von ihnen lebt nach dem Grundsatz, daß eine Krähe die andere wasche und jeder Arbeiter die Hälfte seines Lohnes wert sei. Jeder Passant, der sich ins Gewühl der Straßenjungen stürzt, irrt um des schnöden Mammons willen vom Wege ab.

Keiner der Straßenjungen kommt nur einen Augenblick auf den Gedanken, darüber nachzudenken, was den Mann veranlaßt haben könnte, sein Geld zu nehmen und unter die Leute zu verteilen. Jeder der Passanten ist im Augenblick, da er die Situation erfaßt, der Überzeugung, daß es sich um einen plötzlich irrsinnig Gewordenen handelt. Im selben Augenblick schon ist er bereit, in schäbiger Weise die Situation auszunutzen.

Es wäre nunmehr an der Zeit, daß wir anfingen, darüber nachzudenken, was wohl den Mann veranlaßt haben kann, also seinem Vermögen Ziel und Ende zu setzen. Doch kann ich es mir nicht versagen, vorher noch auf eine Feinheit in dieser Nachricht hinzuweisen, die entdeckt und aufgezeigt zu haben mir, wie ich hoffe, den Ruf eines vollkommenen Kommentators einbringen wird. Der Mann, der da angeblich plötzlich irrsinnig geworden ist, wählte, um sein Geld zu verteilen, nicht die Straße schlechthin, sondern eine Straßenecke. Kein Dichter könnte sich die Szenerie wirkungsvoller ausdenken. Wie der leichte Wind um die Ecke streicht, wie ein Hundertdrachmenschein auf einen Balkon hinaufweht, um einem glutäugigen Kind des Südens die Erfüllung eines Traumes zu bringen, wie „von allen Seiten" die Gier herbeistürzt, und wie schließlich der Schauplatz nach diesem unwahrscheinlichen Vorgang sich entleert, dieser ganze Ablauf wird mit einer wahrhaft poetischen Prägnanz durch die Ecke vor unserem Auge heraufbeschworen.

Nun aber ist alles vorbei. Die Straßenjungen eilen glücklich mit ihrer Beute davon. Die Passanten drücken sich hastig ins Gewühl, Krähenblicke voll schlechten Gewissens verstohlen um sich werfend. Der Mann sitzt auf der Polizeiwache und ist glücklich. Er hat die Absicht gehabt, sein Geld loszuwerden. Das ist ihm gelungen. Ein Psychiater wird ihn begutachten. Natürlich wird der Psychiater zu dem Ergebnis kommen, welches der Shakespeare der Nachricht aus aller Welt durch das bescheidene Adverbium irrsinnig schon vorweggenommen hatte, ehe wir überhaupt etwas bemerkt haben. Aber wie wäre es, wenn man solche Leute nicht dem Psychiater, sondern dem Philosophen zur Begutachtung vorführte. Der Philosoph würde bei diesem Mann vermutlich tiefe Einsichten in das Wesen des Geldes entdecken. Die Nachricht würde dann nur um ein bescheidenes Adverbium anders aussehen. Wie sehr möchte man sich wünschen, in einer Welt zu leben, in der diese Nachricht lautete:

„Ein plötzlich einsichtig gewordener Mann ... hob sein gesamtes Bankkonto ... ab und verteilte es an einer Straßenecke ..."

## DER KÖNIG VON TABOR

Der König von Tabor hat abgedankt. Man braucht nicht bekümmert zu sein, wenn man nicht weiß, wo Tabor liegt. Wir werden es sogleich erfahren.

Tabor ist eine Südseeinsel, die in unseren Gesichtskreis tritt, weil der abgedankte König von Tabor der schwedische Matrose Karl Petersen aus Söderhamn ist. Vor zwei

Jahrzehnten ging sein Schiff in der Nähe der Insel Tabor unter. Als einziger Überlebender wurde er an Land gespült. Als er sich am Strand aufrichtete, war er sich darüber klar, daß, wenn er nicht das Glück gehabt hatte, auf einem unbewohnten Atoll gestrandet zu sein, er von den Kanaken am Grill geröstet werden würde.

Für die Kanaken, die auf der Insel wohnten, lag die Sache anders. Mitten aus dem unendlichen Meer war ein Mann aufgetaucht, der einen Kopf größer war als sie alle und zudem weiße Haut, blaue Augen und blondes Haar hatte. Sie nahmen den Leichtmatrosen Karl Petersen aus Söderhamn als ein Geschenk des kanakischen Poseidon in Empfang und machten ihn zum König von Tabor.

Zwanzig Jahre hat er als ein glücklicher König über ein glückliches Volk geherrscht. Er hat ein Kanakenweib geheiratet und acht Kinder gezeugt. Nun aber hält ihn nichts mehr. Er will seine Krone niederlegen. Er will Tabor verlassen. Er will heim nach Söderhamn.

Von Cäsar ist uns die Äußerung überliefert, daß er lieber in irgendeinem Dorf der Erste als in Rom der Zweite sein wollte. Man weiß nicht recht, ob man diese Bemerkung bewundern soll. Es ist wahrhaftig keine schlechte Sache, in Rom der Zweite zu sein, wenn man ein Römer ist. Es wäre Zeit, daß die Historiker sich daranmachten, diese Äußerung ins Reich der Fabel zu verweisen. So wie es, nach einem Wort Liebermanns, die Aufgabe der Kunsthistoriker ist, die schlechten Bilder eines großen Malers als Fälschungen zu verwerfen, so ist es die Aufgabe der Historiker, die albernen Bemerkungen großer Männer als apokryph zu verwerfen.

Ich habe die sehr viel schwierigere, aber auch dankbarere Aufgabe, die Legenden zu schaffen, mit denen die Historiker sich nachher herumärgern müssen. So fasse ich

meine Eindrücke von der Abdankung des Matrosen Petersen aus Söderhamn zusammen in den bemerkenswerten Ausspruch König Karls des Letzten von Tabor: „Ich will lieber in der Heimat der Letzte als in der Ferne der Erste sein."

Dieser Ausspruch des Königs von Tabor ist dem Ausspruch Cäsars insofern überlegen, als der König von Tabor ihn wahr machte und sich das eine Krone kosten ließ.

Zwanzig Jahre hat der Matrose Petersen in Tabor gesessen und Heimweh nach Söderhamn gehabt. Zwanzig Jahre wird der König von Tabor in Söderhamn sitzen und Fernweh nach seinen Kannibalen haben. Das bemerkenswerte Schicksal dieses merkwürdigen Mannes hat ihm, so viele Erfüllungen es ihm geboten hat, die Erfüllung seiner Sehnsucht nicht gebracht. Uns bringt das Schicksal dieses Mannes die Erkenntnis, daß die Sehnsucht hinter fernen Meeren wohnt und die Seele des Menschen von ihm selber durch einen Ozean getrennt ist.

Der Meergott nimmt den Kanaken wieder weg, was er vor zwei Jahrzehnten so großmütig ihnen geschenkt hat. Sie sehen ihren König entschwinden hinter dem Horizont, über den er heraufkam. Man darf sie glücklich preisen, daß sie diesen Horizont nicht zu überschreiten vermögen. Was hätten sie davon, wenn sie, auf der Suche nach dem Götterhimmel, in den ihr König entschwand, nach Söderhamn kämen!

Wir aber wollen uns aufmachen nach Söderhamn und dort im „König von Tabor" bei Karl Petersen anfangen, Whisky zu trinken. Ein Whiskyfaß ist am ehesten noch geeignet, als Fahrzeug zu dienen, wenn der Mensch den Ozean durchkreuzen will, der ihn von seiner Seele trennt. Ach, wie selten ist unter diesen Seefahrern auf dem Meer der Sehnsucht einer zu treffen, der als sein eigener Kolumbus am anderen Ende der Welt sich selbst entdeckt.

Gaunerstreiche sind, natürlich, etwas Verwerfliches. Aber der Mensch, leider, ist so gebaut, daß er vom Moralischen keine Notiz nimmt, wenn es etwas zu lachen gibt. Mag das bedenklich erscheinen, so steckt doch in dieser Neigung zum Gelächter ein tiefes Bedürfnis der menschlichen Seele. Das Gelächter gilt ja nicht dem Unmoralischen, sondern der List, jenem odysseeischen Talent des Menschen, das Gewalt durch Klugheit, den starken Arm durch das stärkere Köpfchen besiegt.

Die Gaben dieser Welt sind ungleich verteilt. Wir haben wenig Möglichkeiten, an dieser Verteilung etwas zu ändern. Der eine ist 1,92 groß, der andere 1,48. Dieser Unterschied ist so unabänderlich wie das Schicksal selbst. Immer und ewig ist der Große halt größer als der Kleine. Aber wenn nun der Große sich den Kleinen langen will und der läuft ihm unversehens zwischen den Beinen durch und davon, so müssen wir lachen, weil die Unabänderlichkeit auf einmal herumgedreht ist. Der Kleine ist halt immer kleiner als der Große, und der Große kann ihm das nicht nachmachen. Die List des Odysseus ist jedermanns List und damit auch jedermanns Trost. Beim Gaunerstreich sind wir immer auf seiten des Gauners. Seit des blinden Sängers großem Lied hat wohl noch nie irgend jemandes Sympathie auf seiten des Polyphem gestanden. Homer hat seine Leser gekannt.

Wenn ein einzelner Mann mit der Regierung der Vereinigten Staaten anbandelt, so ist das Kräfteverhältnis noch ungünstiger als das zwischen Odysseus und Polyphem. So verdient es, angemerkt zu werden, daß ein einzelner Mann den Staatspolyphem k. o. geschlagen hat.

Der einzelne Mann hatte bei Simone Martini angefangen

und ihn zu reproduzieren versucht. Das war ihm gut gelungen. Er ist dann durch viele Jahrhunderte gewandert und hat die Werke der großen Maler nachgebildet. Dabei entwickelte er eine bemerkenswerte Geschicklichkeit und Genauigkeit und eine Reihe graphischer Methoden, die ihresgleichen nicht hatten.

Eines Tages kam er auf den etwas abseits gelegenen Einfall, seine Aufmerksamkeit einem so hoch entwickelten graphischen Erzeugnis, wie es die Hundertdollarnoten des Schatzamtes der Vereinigten Staaten sind, zuzuwenden. Zu seiner größten Überraschung, ja man muß sagen zu seinem Schrecken, entdeckte er, daß er eine Hundertdollarnote mit seinen Verfahren in der vollkommensten Weise nachzubilden imstande war. Nicht einmal er selber konnte die echte Note von der falschen unterscheiden, so daß er, ein vorsichtiger Mann, aus beiden einen Fidibus drehte und sich damit eine Zigarre der Nachdenklichkeit entzündete.

Es ist ein erregender Augenblick. Wohl im Leben jedes Menschen kommt er einmal vor. Alles Vergangene tritt da auf einmal hell ins Licht. Die Schriftsteller lassen in solchen Lagen gütige Großmütter, energische Girls, Geldbriefträger, langjährige Freunde oder den Famulus Wagner an die Türe pochen. Ich begnüge mich damit, ein zartes, weißes Federchen zum Fenster hereinschweben zu lassen. Dieses Federchen erinnerte den einzelnen Mann an einen Schwan und brachte ihn auf den Gedanken, angeln zu gehen.

So saß der einzelne Mann mehrere Tage am Ufer des oberen Potomac wie der amerikanische Präsident, wenn er ein neues Stückchen Politik aufs richtige Gleis bringen will. In den wirklich aufregenden Lagen des Lebens muß vollkommene Ruhe herrschen.

Unser einzelner Mann hatte keine Neigung, Verbrecher

zu werden, aber eine kleine Gaunerei schien ihm nicht fehl am Platze. Die Nachahmung von Banknoten ist ein schweres Verbrechen, aber die Herstellung von Banknoten ist eine legitime Funktion des Staates, und warum sollte man staatliche Funktionen nicht verbessern wollen. So ging er hin und bot dem Schatzamt der Vereinigten Staaten seine gesamten Patente an als ein neues und verbessertes Verfahren zur Herstellung von Banknoten.

Der staatliche Polyphem erhob ein dröhnendes Gelächter, klatschte sich auf seine Säulenschenkel und verhöhnte den einzelnen Mann. Der kleine Mann duckte sich, lief dem Polyphem zwischen den Beinen hindurch, setzte sich auf einen Haufen Goldbarren und lächelte. Polyphem drehte sich langsam herum und betrachtete mißtrauisch den lächelnden Mann. Ob er etwa daran dächte, auf eigene Rechnung Banknoten zu drucken? Das könne ihm schlecht bekommen. Da er schon so dumm gewesen sei, herzukommen, kenne man ihn jetzt. Man werde ihn bewachen lassen.

Der einzelne Mann lächelte und meinte, Polyphem könne ihn ja gern für dumm halten. Aber er sei nun einmal kein Verbrecher. Darum sei er ja hergekommen. Wenn man ihn nicht haben wolle, dann sollten die Leute doch wenigstens erfahren, wie er die staatlichen Methoden habe verbessern wollen. So werde er sein Verfahren, da es doch für ihn nichts wert sei, in allen Einzelheiten der Öffentlichkeit mitteilen, damit jeder gute Bürger sehen könne, wie leicht es sei, die staatlichen Banknoten nachzumachen.

Dies war für den Nußknacker Polyphem eine harte Nuß. Wenn ihn das Mißfallen aller guten Bürger wenig gestört hätte, der Beifall aller schlechten Bürger bedeutete eine nicht zu unterschätzende Gefahr. So konnte der einzelne Mann seine gesamten Patente für teures Geld an das Schatzamt der Vereinigten Staaten verkaufen, damit weder die guten noch die schlechten Bürger erführen, wie leicht es sei, Hundertdollarnoten herzustellen. Der einzelne Mann hatte es nicht nötig, Verbrecher zu werden. Um nicht ohne Verdienst ehrlich zu bleiben, genügte es, daß es eine Menge anderer Leute gab, die bereit waren, mit Verdienst unehrlich zu werden. Er brauchte keine einzige Banknote zu fälschen, weil es genug andere Leute gab, welche das jederzeit übernommen hätten. Er ließ sich dafür bezahlen, ein Verbrechen nicht zu begehen, das er niemals hatte begehen wollen. Er hatte auch keinen anderen dazu verführt, etwas Unrechtes zu tun. Das heißt man wirklich, die Schlechtigkeit der Menschen zum Guten wenden, auch wenn das Gute nur das eigene Beste ist.

So sitzt der einzelne Mann bieder, lächelnd und ehrlich wieder am oberen Potomac. Die Fische kommen von allen Seiten, um sich den ehrlichen Gauner genau zu besehen. Ihm natürlich gehen sie gern an die Angel, während dem Polyphem die Gräte noch im Halse steckt. Wollen auch wir einerseits uns entrüsten, andrerseits angeln gehen. Ein guter Einfall ist eine Gabe der Götter. Freilich fallen die Gaben der Götter nur denen in den Schoß, die sich Zeit nehmen, darauf zu warten.

## MONDFUNK

Die Neger in Afrika nennen das Radio „Wolkenstimme". Sicherlich glauben sie ehrlich, daß das, was der große Trichter flüstert, singt und redet, wirklich aus den Wolken komme. Man sollte dieses Irrtums wegen nicht über die Neger lächeln. Viel angemessener ist es, sie wegen ihrer

Begabung für Poesie zu bewundern. Höchstens könnte man sie bedauern wegen der Vorstellungen, die sie sich allmählich über die Wolken gebildet haben müssen. Aber schließlich, der Himmel ist weit, und eine jede Wolke red't ja nicht.

Unser Ehrgeiz geht über die Wolken hinaus. Professor Appleton in London beabsichtigt, vermittels Radiowellen mit dem Mond in Verbindung zu treten. Zunächst handelt es sich nur darum, Radiowellen, die als Echo vom Mond zurückkommen, auf der Erde wieder aufzufangen.

Ohne Zweifel, das Unternehmen entbehrt nicht der Größe. Professor Appleton wird von einem Riesensender aus den Mond anfunken. Rings um ihn herum bis an den Horizont sitzen die Mitarbeiter, die versuchen werden, die vom Mond reflektierten Wellen wieder aufzufangen.

Bei der hohen Entwicklung unserer Technik kann keinen Augenblick ein Zweifel darüber bestehen, daß es gelingen wird, Wellen zum Mond zu werfen. Sicher wird der Mond sie zurückwerfen, sei es aus Hochmut, sei es aus Langeweile, sei es aus Gekränktheit. Denn natürlich ist bei diesem Unternehmen das Wichtigste vergessen worden.

Während die Röhren knattern, während eine unerhört präzise Organisation zum Empfang des Mondechos aufgezogen wird, während die Zeit vermittels eines Differentials in ihre allerkleinsten Bestandteile zerlegt wird, während die Meßapparate vor Aufregung zittern, hat man vergessen, darüber nachzudenken, was man denn zum Mond hinauffunken soll.

Denken wir daran, wie viele Jahrmillionen der Mond in seiner gelassenen Manier um unsere Erde kreist. Denken wir daran, wie viele Seelen er zur Trauer und zur Freude bewegt hat. Denken wir daran, was alles unter seinem silbernen Strahl sich begeben hat seit dem zweiten Tag der

Schöpfung. Sicher war der Mond das erste, was den Menschen getröstet hat, als er aus dem Paradies vertrieben war. Wenn wir uns die letzten Gräber dieser Erde vorstellen wollen, so sehen wir sie im Schein eines bleichen Mondes liegen.

Nun werden wir zum erstenmal mit ihm in Verbindung treten. Kein Zweifel, daß es eine Ehrensache der Menschheit ist, daß die Form ihrer Äußerung des Anlasses würdig ist.

Auf Appletons Schultern ruht die Verantwortung für die Reputation, die wir in künftigen Jahrmillionen beim Mond genießen werden. Ein andrer Atlas, trägt er das Gewölbe unseres himmlischen Ansehens. Wenn es zusammenbricht, werden wir unter den Trümmern einer äonalen Blamage begraben werden.

Was, beim Silberstrahl des Mondes, möchte würdig erscheinen, bei dieser Premiere dem Monde mitgeteilt zu werden?

Natürlich könnten wir die Neunte Symphonie funken oder auch die Achte. Aber woher soll der Mond wissen, daß wir Beethoven so hoch schätzen? Hat er doch mit seinem sanften Strahl so viele große Männer beschienen, die ihn als einzigen Zeugen ihrer Größe hatten.

Wir könnten einen Vers funken von Milton oder Homer. Freilich, uns würde das schon ehren. Aber ehrt es auch den Mond genug?

Wir könnten SOS funken, insofern wir als Menschheit so ziemlich am Rande sind. Aber kann man jemanden, dem man sich gerade erst vorstellt, sogleich um die Gefälligkeit bitten, unsere Seelen zu retten?

Wir könnten ihm das Datum funken. Aber daraus würde er nur ersehen, daß wir nach der Sonne rechnen und nicht nach ihm. Er würde künftig nur noch über den Batakern scheinen wollen, die nach dem Mond rechnen, und wir müßten eines Mondscheinspaziergangs wegen nach Sumatra fahren.

Schließlich bestände noch die Möglichkeit, daß wir ihm die Formel funkten, nach der er sich um uns dreht. Aber erstens ist es nicht fein, jemanden auf seine Abhängigkeit hinzuweisen, und zweitens natürlich sind sich die Astronomen über diese Formel in keiner Weise einig.

In der nächsten Woche werden wir erfahren, mit welchem Bonmot Appleton sich in das Weltall hinausgewandt haben wird. Der Appletonsche Versuch wird ein Markstein werden in der Geschichte unserer Beziehungen zum Mond.

Doch wie auch immer der Mond verärgert werden mag durch Funkappeal, schlimmstenfalls wird er seinen Schein von der Wissenschaft zurückziehen. Sie wird dann völlig im Dunkeln liegen. Wer ihn nicht gerade anfunkt, sondern schlicht das Auge zu ihm aufhebt, wird ihn freundlich strahlen sehen auch fürderhin, den Mond, den Freund der Einsamkeit, der großen Gedanken und der Liebe.

## MILLIONÄR MIT VERZÖGERUNG

Bei Rochefort an der bretonischen Küste steht der Leuchtturm von St. Pierre. Die Brandung des Ozeans rauscht um die Klippen zu seinen Füßen. Man könnte die Brandung um die Klippen auch donnern lassen. In einer solchen Sache hat ein Literat die vollkommenste Freiheit. Zu dem, was im folgenden gesagt werden soll, paßt Rauschen besser als Donnern. So wollen wir dem Rauschen lauschen.

Es ist ziemlich einsam da. Ein Leuchtturm ist wie ein

großer Weiser. Er verbreitet Licht nach allen Seiten. Ein jeder kann seinen Kurs nach ihm richten. Aber wer der Weisheit zu nahe kommt, dessen Schiffchen zerschellt.

Auf dem einsamen Leuchtturm sitzt der einsame Leuchtturmwächter. Ich habe oft, nächtens an der Reling lehnend, über die einsamen Leuchtturmwächter nachgedacht. Sicher ist es ein erhabener Beruf. Einsamkeit gibt jeder Sache und jedem Menschen Größe. Käse ist sicherlich keine besonders erhabene Angelegenheit. Der einsame Käse, den der einsame Robinson sich bereitet, ist ein Glanzstück in einem großen Roman der Weltliteratur.

Man unterwirft die Menschen heutzutage psychotechnischen Prüfungen. So raffiniert diese Prüfungen ausgedacht sein mögen, keine einzige könnte so streng sein wie die Prüfung durch Einsamkeit. Solche Prüfungen werden denn auch nicht veranstaltet. Das zeigt wieder einmal, wie sinnvoll die Welt eingerichtet ist. Wenn man so weit wäre, über einen Stamm von Leuten zu verfügen, die die große und schwere Prüfung durch Einsamkeit mit Auszeichnung bestanden hätten, dann wüßte man nicht, was man mit diesen wertvollen Leuten anfangen sollte. Sie ins Gefängnis zu sperren, nur damit sie von ihren Tugenden Gebrauch machen können, erscheint nicht übermäßig sinnvoll. Ganz offensichtlich gibt es Tugenden, die für den Menschen ohne Wert sind, solange er nicht Leuchtturmwächter ist oder mit den Gesetzen kollidiert.

Mögen die Leuchtturmwächter wie auch immer ihre Tage verbringen, mögen sie die Bibel lesen oder Radio hören, von dem Leuchtturmwächter von St. Pierre de Rochefort wissen wir, womit er sich seit vorigen Samstag die Zeit vertreibt. Im Mai hat er seinen Leuchtturm bezogen und damit die Verpflichtung übernommen, ein Jahr auf seinem

Posten zu bleiben. Am vorigen Samstag hat er eine Million Franken in der Lotterie gewonnen.

Vertrag ist Vertrag. Selbst wenn der Gute seinen Vertrag gar nicht halten wollte, es käme keiner, ihn abzuholen. Nun, wir haben keinen Grund, einen braven Mann zu verdächtigen, nur weil er in der Lotterie gewonnen hat. Sicherlich ist er in jedem Fall entschlossen, seine Pflicht zu tun. So haben wir die merkwürdige Erscheinung eines armen Mannes, welcher reich ist, oder auch eines reichen Mannes, welcher arm ist. Worüber der Leuchtturmwächter von St. Pierre zur Zeit nachdenkt, das ist ohne Zweifel die Million und ihre Verwendung.

Selten wird einem Menschen eine so wunderbare Gelegenheit geboten, sich an sein Glück zu gewöhnen. Die freudige Überraschung unseres Robinson, der das große Los gewonnen hat, wird natürlich in einigen Wochen einer ruhigeren Betrachtung Platz machen. In dieser Zeit wird Robinson sich die ganze Welt kaufen. Da er seine Million kein einziges Mal wirklich los wird, kann er sie beliebig oft ausgeben. Robinson wird also einmal in einer Lustjacht um die Erde segeln. Einmal wird er alle armen Fischer in seinem Dorf zu wohlhabenden Leuten machen. Von ihrer Dankbarkeit allein kann er drei gute Wochen auf seinem Leuchtturm leben.

Einmal wird er alle Leuchttürme der Welt mit neuen Bibeln oder neuen Radioapparaten ausstatten, je nachdem. Einmal wird er in Paris den großen Mann spielen, Geschäfte machen und aus der einen Million fünf Millionen machen. Dies ist einer der liebsten Gedanken aller neuen Millionäre. Er wirft ein aufschlußreiches Leuchtturmlicht auf die Beschaffenheit der menschlichen Seele. Aber die Sonne geht alle Morgen auf, und alle Abend geht sie unter, und bald wird Robinson merken, daß das Reichsein auf die Dauer auch nicht unterhaltender ist als das Armsein. Hingegen wird unser Robinson nun Sorgen bekommen.

Während er bisher heiter den Klängen lauschte, die vom Tanztee des Ritzhotels in London herübertönten, wird er nunmehr die Devisenkurse einstellen und anfangen, sich mit der Wirtschaftskrise zu beschäftigen. Eines Tages hat unser Millionär eine beträchtliche Vermögenseinbuße erlitten. Das hat eine Menge unerwarteter Folgen. Die Lustjacht schrumpft um tausend Tons. Die Ziegeldächer auf den Häusern der armen Fischer verwandeln sich in Strohdächer. Die australischen Leuchttürme bekommen keine Bibeln mehr.

Die Kurse, leider, fallen weiter. Mit ihnen schrumpfen die Jacht sowohl wie die Hütten der Gottwohlgefälligkeit. Auch die afrikanischen Leuchttürme müssen nunmehr auf neue Bibeln verzichten. Unser Robinson, der noch niemals in seinem Leben sich den geringsten Gedanken über seine Armut gemacht hat, wird nun, nachdem er reich geworden ist, alle Bitternisse zu spüren bekommen, die fortschreitender Vermögensverlust mit sich bringt. Unser Robinson, der arm ist, wird Angst bekommen, arm zu werden. Unseren Robinson wird der Geiz packen.

Aber die Sonne geht alle Morgen auf, und alle Abend geht sie unter, und noch ist es ein halbes Jahr, daß Robinson auf seinem Leuchtturm sitzen muß. Über kurz wird Robinson, anständig wie alle armen Leute sind, sich seines Geldes schämen, und in seinen Träumen wird immerzu ein Kamel sich durch ein Nadelöhr zwängen. Der Anblick des Kamels, wenn ihm dieser Vorsatz zur Hälfte gelungen ist, wird Robinson, der von Berufs wegen nachdenklich ist, noch nachdenklicher stimmen.

Durch einen glücklichen Zufall kommt eines Tages ein

Kutter längs, der Robinson einen großen Sack Post auf die Klippen wirft. Er findet vierzehnhundertzweiundsechzig Bettelbriefe darin. Da er Zeit hat – in diesem Punkte ist er immer von märchenhaftem Reichtum gewesen und darum daran gewöhnt – nimmt er sich etwas von ihr und addiert die Wünsche seiner Mitmenschen. Es stellt sich heraus, daß er, um sie alle zu erfüllen, etwa zwei Millionen Franken brauchte. Erfüllt er sie nicht, wird er vierzehnhundertzweiundsechzig Feinde bekommen, er, ein Mann, der noch nie im Leben einen Feind gehabt hat außer dem Nordsturm.

Robinson ist von diesem Gedanken so erschüttert, daß er den Rest seiner Leuchtturmzeit damit verbringt, darüber nachzudenken, wie er auf unauffällige Weise seine Million wieder loswerden könnte. Für jemanden, der ihm etwa in diesem Punkte behilflich sein will, ist die Zeit gekommen, Vorschläge zu machen.

Glück mit Verzögerung verwandelt sich in Unglück. Natürlich erhebt sich alsbald die Frage, ob etwa Unglück mit Verzögerung sich in Glück verwandelt. Betrüblicherweise sitzen richtige Millionäre in dem Augenblick, da sie ihr Vermögen verlieren, nicht mit Jahreskontrakten auf Leuchttürmen. Das ist von den Millionären sehr unvernünftig. Wenn man sich vorstellt, daß Robinson auf seiner Insel durch irgendeinen göttlichen Zufall, das Radio etwa, erführe, daß sein Vermögen weg sei, würde ein wohlgelungener Käse ihn leicht über diesen imaginären Verlust hinwegtrösten. Wenn man es sich nur einrichtet, ist ein Käse mehr als eine Million wert. Wenn man diesen kostbaren Käse an den Mann bringen will, so ist auch dieses Problem schon gelöst durch das Sprichwort, das für alle Robinsons der Welt gilt:

„Selbst ist der Mann!"

Am Viktoriasee haben sie einen alten Herrn ausgegraben. Er hatte einen wundervoll ausgebildeten Unterkiefer und eine prachtvolle hohe Stirn. Die Ausgrabung wäre nicht weiter aufregend, wenn dieser alte Herr nur einfach so in der Erde gelegen hätte. Aber er lag nicht nur einfach so in der Erde, sondern er lag in einer geologischen Schicht.

Die Prähistoriker stürzten sich, mit den Geologen vereint, auf den Kinnladen und vereinbarten auf Grund der bei ihnen gültigen Konventionen, daß dieser alte Herr zweihundertfünfzigtausend Jahre alt sei. Ich persönlich bin der Meinung, daß das übertrieben ist. Nach den vorliegenden Beschreibungen gebe ich diesem Ehrengreis der Vorgeschichte höchstens zweihundertvierzigtausend Jahre.

Die Entwicklungstheorie gerät durch diesen Fund in eine ganz verzweifelte Lage. Der älteste Affe, den man kennt, ist nämlich nur siebzigtausend Jahre alt. Es ist schade, daß Affen für Wissenschaft nichts übrig haben. Es würde sich jetzt beweisen lassen, daß der Mensch nicht vom Affen abstammt und also der Affe auch nicht für ihn verantwortlich gemacht werden kann. Da die Affen ihrerseits vermutlich keinen Wert darauf legen, von uns abzustammen, könnte man diese alte Streitfrage endlich begraben. Aber leider, leider, Affen haben für Wissenschaft nichts übrig. Ihre Methode, die Schöpfung zu preisen, ist zu naiv, als daß sie ernst genommen werden könnte. Affen schaukeln auf Lianen seit siebzigtausend Jahren. Mögen wir immerhin am Klettertau des Logos auf und nieder flitzen, wir werden niemals die geschichtliche Stabilität der Affen erreichen.

Die Ursache dafür läßt sich schon bei dem alten Herrn vom Viktoriasee nachweisen. In seiner geologischen Schicht fand man, keinen Meter von ihm entfernt, ein ehemals hölzernes Trinkgefäß. Unterdessen ist es versteinert. Die Versteinerung hat uns das Gefäß bewahrt und die Tatsache, daß es mit einem Muster geschmückt war. Es ist klar, der alte Bursche hat gesoffen. Mitten in der Paläontologie hat ihn der Schlag getroffen, so daß sein Gebein nicht begraben wurde, sondern mit den Jahrtausenden in die Tiefe sank.

Dieser vorzeitliche Schlaganfall war, gewissermaßen, eine frühzeitige Warnung an das Menschengeschlecht. Sie hat nichts genützt. Bisher waren wir der Meinung, daß wir seit dreißigtausend Jahren söffen. Jetzt wissen wir, daß wir es schon seit mindestens zweihundertundvierzigtausend Jahren tun.

Der alte Herr vom Viktoriasee war der erste, der vom Zweck zum Selbstzweck überging und uns damit einen so ungeheuren Vorsprung vor dem Ichthyanodon verschaffte. Die Urviecher tranken, weil sie Durst hatten. Der Mensch zerbrach diesen Zusammenhang. Er verschaffte sich Durst, um trinken zu können. Damit zum erstenmal wurde eine biologische Funktion in den Bereich der Moral gerückt. Daß der Mensch dabei mit dem Unmoralischen anfing, liegt in seiner Natur. Vom Unmoralischen zum Moralischen ist nur ein Schritt, so selten er auch getan wird. Vom Biologischen zum Unmoralischen, das war ein Sprung in die Zukunft, ein Sieg, der die Grenzen des Animalischen zerbrach und erstmals der Kultur die Tür öffnete. Es war die Tür der Schenke.

Das Trinken ist neuerdings in Verfall geraten. Es gibt so viele trübe Apostel, die von den Schäden an der Gesundheit reden. Man sollte sie mit dem Kinnbacken vom Viktoriasee erschlagen. Wenn wir die letzten zweihundertundvierzigtausend Jahre davon nicht zugrunde gegangen sind, werden wir es wohl auch in Zukunft noch eine Weile aushalten.

Der Verfall des Trinkens ist nicht von den Aposteln der Mäßigkeit verursacht. Mit ihren Angriffen haben sie eine Festung erobert, die von ihrer Besatzung schon verlassen war. Der Verfall des Trinkens geht mit dem Verfall der Moral Hand in Hand.

Die Menschen sind im Lauf des letzten Jahrhunderts so durch und durch demoralisiert worden, daß sie nicht mehr die Notwendigkeit empfinden, besondere Einrichtungen zu haben, in denen das Unmoralische gepflegt wird. Der Nachteil für das öffentliche Wohl liegt auf der Hand. Anstatt daß die Unmoral nach festen Riten gepflegt wird an Stätten, die dafür geeignet sind, hat sie sich in gänzlich anarchischer Weise über weite Gebiete des Lebens verbreitet, wo sie nichts zu suchen hat. Der Verfall der Schenken ist für das öffentliche Wohl ein nahezu ebenso bedenkliches Zeichen wie der Verfall der Familie. Das Saufen, anstatt ein Laster zu sein, ist eine Gewohnheit geworden, bei der niemand mehr etwas findet. Die Familie, anstatt eine Tugend zu sein, ist eine Gewohnheit geworden, an der jedermann etwas findet.

Das Saufen war so weit seines wahren Charakters als einer unmoralischen Handlungsweise beraubt, daß es als eine Krankheit betrachtet wurde. So kam es, daß Trunkenheit vor Gericht als mildernder Umstand galt, eine Beleidigung für jeden, der die Molle ernst nimmt.

Wenn wir die Aufgabe übernehmen, die Familie wieder zu einer moralischen Institution zu machen, so dürfen wir an der Schenke nicht achtlos vorübergehen. Niemand wird ehrlich glauben, daß die Menschen von Natur gut sind. Zur Tugend muß man sie zwingen. Zum Laster braucht man sie, dem Himmel sei's geklagt, nicht zu zwingen. Man muß dafür Sorge tragen, daß sie die richtigen Laster haben. Das vortrefflichste Laster, das ein Mann haben kann, der für seine Familie sorgt, ist, daß er zuweilen in die Schenke geht.

Gedenken wir mit Ehrfurcht jenes wichtigen Potators vom Viktoriasee! Sorgen wir, daß auch unsere Trinkgefäße noch nach zweihundertundvierzigtausend Jahren einer Betrachtung wert sind. Als Prometheus die kalte Welt betrat, trug er in der rechten Hand eine Fackel, die der Menschheit die äußere Wärme schenkte, in der linken eine Flasche Korn, der wir die innere Wärme verdanken. Wenn es die Kultur war, die zur offenen Tür der Schenke hereinkam, ist der Weg, den der Mann beschreitet, wenn er aus der Schenke hinaustritt, der Weg nach Hause.

Seien wir stolz auf unsere Tugenden. Hinsichtlich unserer Laster wollen wir vom Stolze absehen. Wir wollen uns ihrer freuen. Auf dem schmalen Pfad, der die Schenke mit dem Heim verbindet, läßt sich ein Leben abtraben, das eines ehrlichen Begräbnisses würdig ist.

Von der Tugend allein kann man nicht leben. Vom Laster allein kann man nicht sterben.

„Herr Ober! Einen großen Korn!"

Auch im Frack ist Dionysos ein Gott.

## DAS ATTENTAT

Im Städelschen Kunstinstitut in Frankfurt am Main hat ein Mann ein Attentat begangen. Ich bediene mich des alten Brauches, von einem Städelschen Kunstinstitut in Frankfurt am Main zu sprechen, obgleich es dergleichen gar nicht gibt. Das Städelsche Kunstinstitut nämlich liegt auf der anderen Seite des Mains, in Sachsenhausen. Der Main ist schon seit sechzig Jahren keine Trennungslinie mehr zwischen den Norddeutschen und den Süddeutschen. Aber die Frankfurter und die Sachsenhäuser wird er trennen bis ans Ende der Tage. Das Städelsche Kunstinstitut liegt für die Frankfurter „dribb der Bach“. Schopenhauer hat sein Leben lang hinübergeblickt. So braucht es uns nicht zu verwundern, daß das Idyll eines Frühromantikers in der Sehachse dieses Pessimisten noch so viele Jahre nach seinem Tode zum Ballungspunkt eines Dramas wurde. Es hängt dorten von Johann Anton Koch ein Gemälde, das darstellt, wie fünf Nymphen einen Mann aus dem Wasser ziehen. Ein bis dato unbekannter Attentäter hat die Nymphen eine wie die andere mit einem Messer schwer lädiert.

Ein oberflächlicher Berichterstatter glaubt das Motiv der Tat darin erblicken zu können, daß die Nymphen nackt seien. Diese Erklärung ist zu billig, als daß wir uns mit ihr begnügen können.

Der Attentäter hatte zweifellos etwas gegen die Frauen. Vielleicht sind es gerade fünf Frauen, die ihn ruiniert haben. Es hat ihn die Ironie gereizt, daß fünf Frauen einen Mann sollten erretten können. In der Tat ist das ungewöhnlich. Fünf Frauen stürzen einen Mann ins Unglück. Es ist immer nur eine, die ihn herauszieht. Der Attentäter hat eine Affekthandlung begangen. Affekthandlungen sind fast immer ebenso ehrenwert wie blödsinnig. Hätte der Gute, der von fünf Frauen ins Unglück gestürzt wurde, nachgedacht, so hätte ihm nichts auf der Welt eine so vollständige Genugtuung geben können wie dieser ungewöhnliche Einfall eines Frühromantikers, der fünf Frauen einen Mann retten läßt. Am Ende jeder moralischen Fabel pflegt sich des

Zuhörers eine gewisse Befriedigung zu bemächtigen. Das Gute hat gesiegt. Aber Voltaire hat glänzende Beispiele dafür gegeben, daß man Fabeln weitergehen lassen muß, um zu erfahren, ob an der Moral der Fabel etwas dran ist.

So könnte einen der Anblick des von den fünf Frauen geretteten Mannes befriedigen. Aber es ist ein allgemeiner Irrtum, daß die Romantik naiv gewesen wäre. Sie war im höchsten Grade ironisch, freilich nicht auf eine oberflächliche, sondern auf eine tiefsinnige Weise.

Es genügt, sich vorzustellen, wie die Geschichte mit dem Mann und den fünf Frauen weitergehen wird. Jede wird ihn für sich haben wollen. Das Bild, das vor unsere Phantasie tritt, ist von einem Frühromantiker nicht mehr zu malen. Man sieht nur, leicht zerrupft, die fünf Frauen im Wasser liegen und den Mann nachdenklich davorstehen.

Dieses Bild ist nicht geeignet, uns jenes Gefühl der Weltverbundenheit zu vermitteln, das das Wesen der echten Kunst ausmacht. Nur den Attentäter dürfte es befriedigen.

Es bleibt uns noch, darüber nachzudenken, was der Mann am Nymphenteich nun machen soll. Holt er sie alle fünf heraus, ist die Lage so verzwickt wie vorher. Holt er nur eine für sich heraus, so wird er ohne Zweifel die falsche erwischen und sein Leben lang den vier anderen nachtrauern müssen. Läßt er sie alle fünf im Teich und läuft davon, so handelt er zwar nicht ohne Klugheit, aber er ist kein Gentleman.

Die einzige Lösung, die wirklich gentlemanlike ist, ist die, daß er sie alle fünf rettet und sich sofort wieder in den Teich stürzt, um sich nunmehr nicht noch einmal retten zu lassen. Ich muß gestehen, daß mich diese Lösung nur wenig befriedigt.

Kein Zweifel, sogar Alexander der Große hätte vor diesem gordischen Knoten mit seinem Schwert nur einen Lufthieb vollführen können. Niemals wäre er nach Indien gekommen. Wir können aus dieser Geschichte die Lehre ziehen, daß man sich aus dem Teich, in den man gefallen ist, auf keinen Fall von mehr als einer Frau retten lassen soll.

## ELEFANTASTISCHE TRAGIKOMÖDIE

Einen Elefanten hinter einem kleinen Hütejungen herlaufen zu sehen, wird immer ein Bild sein, das einen in Verwunderung versetzt. Niemals wird man ganz begreifen, welche List es eigentlich ist, auf die der Elefant hereinfällt. Die Sache ist um so erstaunlicher, als ja der Elefant von Zeit zu Zeit auf den Einfall kommt, sich zur Wehr zu setzen. Wir sind nicht wenig überzeugt von unserer Intelligenz. Aber wenn man irgendeinem von uns einen wilden Elefanten in die Hand drückte mit der Aufgabe, ihn zu zähmen, würden wir nicht wenig in Verlegenheit geraten. Doch kann die entgegengesetzte Aufgabe zu noch weit größerer Verlegenheit führen.

Der Radscha von Patialah besaß seit alters eine der Würde seines fürstlichen Namens entsprechende Menge von Elefanten. Es waren so an die hundertundachtzig Stück. Diese wackeren Tiere würden selbst den Reichtum eines Radschas langsam aufgefressen haben, wenn sie zu nichts weiter als zur Würde gedient hätten. Sie mußten sich ihr täglich Heu selbst verdienen. So zogen sie Morgen für Morgen als Traktoren auf die Felder hinaus, Würde und Nutzen auf diese Weise trefflich vereinend.

Eines Tages kehrte der Radscha von einer Reise aus Amerika zurück und brachte, statt Eindrücken, Traktoren mit nach Hause. Ein amerikanischer Ingenieur hatte ihm vorgerechnet, wieviel billiger Traktoren wären als Elefanten. Zudem hätten Traktoren noch den Vorteil, daß sie niemals so wütend werden könnten wie wütende Elefanten.

Die Elefanten wackelten traurig mit den hundertjährigen Häuptern und hoben die Rüssel zum Himmel als erhabene Fragezeichen.

Die Traktoren funktionierten ausgezeichnet. Der Radscha war höchst zufrieden, bis eines Tages irgendjemandem einfiel, daß die Traktoren das Benzin und die Elefanten das Heu fräßen. Mit den Elefanten mußte etwas geschehen.

Zunächst wollte man sie verkaufen. Leider stellte sich heraus, daß die meisten andern Radschas auch schon Traktoren besaßen und der internationale Elefantenmarkt zur Zeit auf Baisse lag. Elefanten – Brief gestrichen.

Hundertundachtzig Elefanten besitzen und sie loswerden müssen, damit sie einen nicht auffressen, das ist kein kleines Problem. Zuerst wurde der Hofweise befragt. Er zog sich in die fürstliche Bibliothek zurück, um die Frage in den Schriften der Alten zu studieren.

Dann wurde der Hofjägermeister befragt, ob man sie nicht erschießen könnte. Der Hofjägermeister war ein Mann von Ehre. Er lehnte es ab, auf zahme Elefanten zu schießen. Zudem meinte er, daß die fürstliche Tiefbauabteilung noch nicht genügend entwickelt sei. Diese dunkle Bemerkung klärte sich später dahingehend, daß der Wackere über die Beschaffenheit der Grube nachgedacht hatte, in der hundertundachtzig tote Elefanten liegen könnten, ohne zu stinken.

Schließlich und endlich wurde auch der Hofnarr befragt. Der kam zur allgemeinen Verblüffung auf einen sehr einfachen Gedanken. Er meinte, man müsse doch die Elefanten wieder dahin zurücktun können, wo man sie herhabe. So wurde unter allgemeinem freudigem Aufatmen beschlossen, die hundertundachtzig Elefanten im Dschungel auszusetzen.

Zwar war das Gewissen des Radschas nicht ganz rein. Aber sein alter Großwesir meinte, daß doch, da man den Elefanten die Freiheit genommen habe, sie jetzt ihnen wiederzugeben geradezu eine großmütige Handlung sei.

Die hundertundachtzig kleinen Hütejungen trabten fröhlich los, und die hundertundachtzig Elefanten trabten ebenso fröhlich hinterdrein in Richtung Dschungel.

Bis dahin ging alles gut. Die Elefanten fanden den Dschungel so lustig wie wir eine Welt im Sommer. Aber als die kleinen Hütejungen sich nun leise und listig davonschlichen, schlichen die Elefanten noch ein wenig leiser und noch ein wenig listiger hinterdrein. Zum guten Schluß standen alle dreihundertundsechzig wieder vor dem Palast des Radschas, die Hütejungen klein und häßlich, die Elefanten groß und schön.

Das ist der augenblickliche Stand der Dinge. Die Traktorenchauffeure haben die Hütejungen verhöhnt. Aber gegen Hütejungen ist wenig zu machen. Hinter jedem kleinen Boy steht ein großer Elefant. Der Hofweise gräbt sich täglich tiefer in die alten Schriften hinein. Der Großwesir hat nach Amerika gekabelt und um einen Sachverständigen gebeten. Nur der Hofnarr geht ziemlich unerschüttert unter den Elefanten umher und füttert sie mit Zuckerrohr.

Ich bin überzeugt, daß diese Geschichte eine tiefsinnige Moral hat. Doch läßt sich darüber wenig sagen, solange wir nicht wissen, wie die Sache ausgehen wird. Sicherlich verschenken auch wir oft genug und in großmütiger Weise etwas, was wir nicht mehr haben wollen. Wenn man sich heraussuchen dürfte, welche Rolle man in dieser elefantastischen Tragikomödie spielen wollte, so möchte man wohl am wenigsten der Radscha sein. Am ehesten vielleicht möchte man der Narr sein, von dem man vermutet, daß er in seinen weiten Taschen noch irgendwo einen Zauberkiesel hat, mit dem sich diese ganze Frage einfach und glänzend lösen läßt. Wir haben eine Konstellation entdeckt, in der sogar ein Radscha nicht zu beneiden ist. Doch dürfen wir nicht vergessen, daß jeder von uns einer ist. Denn schließlich, vor jedermanns Tür stehen Elefanten, die nicht in den Dschungel zurück wollen.

## SPENSERS GRAB

Begeben wir uns zurück in das Jahr des Herrn 1599. Das Jahr des Herrn 1599 tritt auf eine sehr bemerkenswerte Weise mit unserer Zeit in Beziehung. Die Brücke ist eine Grabplatte in Westminster Abbey.

Das Betrachten von Gräbern ist eine für die menschliche Seele nützliche Beschäftigung. Es empfiehlt sich, mit dem Tod auf gutem Fuß zu stehen. Der Tod ist die einzige Sache im Leben, die völlig sicher ist. Zudem steht die Zeit, die wir leben, in einem beklagenswerten Mißverhältnis zu der Zeit, die wir tot sind. Es hat weise Zeitalter gegeben, welche es vorgezogen haben, dieses Mißverhältnis zu beachten und die Zeit, die wir leben, darauf zu verwenden, über den Tod nachzudenken. Es hat schöne Zeitalter gegeben, welche es vorgezogen haben, dieses Mißverhältnis zu verachten und die Zeit, die wir leben, darauf zu verwenden, den Göttern des Lichtes zu opfern. Das Jahr 1599 fällt in eine Epoche, welche gleichzeitig christlich und heidnisch war, gleichzeitig fromm und von diesseitiger Heiterkeit. In der Renaissance wurde die Antike wiedergeboren unter dem Zeichen des Kreuzes. In dieser Epoche, in der der Tod weder so trostlos war wie bei den Griechen noch so tröstlich wie bei den Märtyrern, wurde er poetisch genommen.

Als der Dichter Edmond Spenser 1599 in Westminster Abbey beigesetzt wurde, waren alle großen zeitgenössischen Dichter an seinem Grab versammelt. Jeder von ihnen warf ein Pergament in die offene Gruft, auf dem ein Gedicht stand zum Preise des schon zu seiner Zeit sehr berühmten Toten. So wurde die Schönheit mit dem Leben begraben. Man kann sich keine zartere und zugleich trauervollere Geste denken als die eines Poeten, der mit einem Freund zusammen ein Werk begräbt. Nichts Endgültigeres gibt es, als daß ein Grab geschlossen wird.

Nun hat man allen Grund anzunehmen, daß bei dieser Versammlung Shakespeare anwesend war. Wenn er anwesend war, ist es sicher, daß er ein Pergament in die Gruft geworfen hat, um eines seiner unsterblichen Werke sterblich zu machen. Das muß uns mit um so größerer Betrübnis erfüllen, als wir von diesem Mann nicht ein einziges Manuskript besitzen.

Das vollständige Verschwinden aller unmittelbaren Zeugnisse vom Leben dieses Mannes hat zu jener merkwürdigen Kontroverse geführt, in der die Frage diskutiert wurde, ob es diesen Mann überhaupt gegeben habe. Dabei gibt es genug Künstler, so groß wie Shakespeare, die unter Hinterlassung noch viel umfangreicherer Werke spurlos und namenlos verschwunden sind. Das sind die Erbauer unserer frühen mittelalterlichen Kathedralen. Die meisten sind uns unbekannt.

Der Streit um Shakespeares Person ist ein Philologenstreit. Er ist längst beendet durch eine Bemerkung von Mark

OLAF GULBRANSSON 48

Twain, der, um seine Meinung in dieser Sache befragt, die unbeschreiblich amerikanische und unbeschreiblich gescheite Äußerung tat: „Shakespeares Werke sind nicht von Shakespeare, sondern von einem andern Manne gleichen Namens."

Auch wenn wir nicht daran zweifeln, daß Shakespeare Shakespeare ist, so ist es uns doch erlaubt, hinsichtlich dieses Mannes brennend wißbegierig zu sein. So ist es kein Wunder, daß vor einiger Zeit einige Leute auf die Idee kamen, Spensers Grab zu öffnen und die damals in die Gruft geworfenen Pergamente herauszuholen. Von dem einzigen erhaltenen Shakespearemanuskript trennen uns nur zwei Hindernisse. Das eine ist eine vier Zoll dicke Marmorplatte. Das andere ist unseres Nichts durchbohrendes Gefühl. Merkwürdigerweise werden wir mit der vier Zoll dicken Marmorplatte viel leichter fertig als mit jenem vagen Etwas frommer Scheu.

Vergegenwärtigen wir uns noch einmal den Augenblick, da Shakespeare sein Poem in die Gruft seines Freundes warf. Damals war er ein berühmter Mann. Seine Stücke wurden viel gespielt. Niemand hätte auf die Idee kommen können, daß seine Manuskripte jemals verschwinden könnten. Höchstens hätte ein nachdenklicher Mann, der dieser Trauerversammlung beiwohnte, erwägen können, daß das Manuskript, welches der Dichter soeben in die Grube warf, endgültig und unwiederbringlich verloren sei. Nun ist es so geworden, daß gerade dieses endgültig und unwiederbringlich verlorene Pergament das einzige ist, was wahrscheinlich erhalten ist. Leichtlich kann man daraus ersehen, welcher Wert der menschlichen Voraussicht zukommt.

Außer allem Zweifel steht die Absicht, die Shakespeare hatte, als er das Gedicht in das Grab warf. Er wollte seinem

Freund eine letzte Ehre erweisen. An die Philologen unserer Zeit hat selbst dieser Mann mit seiner Clairvoyance nicht gedacht. Nur eine Armlänge trennt uns von dem kostbaren Schriftstück. Es ist klar, daß, wenn wir das einzige erhaltene Manuskript Shakespeares in unsere Hand bringen wollen, wir das nur erreichen können, wenn wir gegen den ausdrücklich bekundeten Willen des großen Mannes handeln.

Noch schwebt das Geheimnis um das Grab in Westminster Abbey. Doch ist nicht jede Hand, die ein Geheimnis lüftet, eine frevle Hand? Wir haben die Wahl, neugierig und frevelhaft zu sein oder uns zu bescheiden. Sollte man noch im letzten Augenblick eine Umfrage veranstalten, ob das Grab geöffnet werden soll oder nicht, so sollte man nicht nur G. B. S. fragen, der in dieser Sache eine Shawsche Meinung hat, sondern auch P. B., der in dieser Sache eine Shakespearesche Meinung hat.

# INHALT

## ASPEKTE



## UNTERWEGS

BEGEBENHEITEN

PETER BAMM

# ANARCHIE MIT LIEBE

**264 Seiten. Mit Zeichnungen von Franziska Bilek**

„Wem widerfuhr es nicht gelegentlich, daß er in einer betrüblichen Stunde auf eines der kleinen Feuilletons von Peter Bamm stieß, die schlichte Fabel sozusagen gegen den Strich seiner üblen Laune las, und erhellt, ja fast getröstet aus der Lektüre hervorging. Peter Bamm versteht sich auf die schwierige Kunst, viele zu erreichen, wie unterschiedlich sie auch geartet seien. In diesen Feuilletons tritt er uns als ein Genie der Unterhaltsamkeit und der schüchtern vorgetragenen Tröstung entgegen." *Süddeutsche Zeitung, München*

„Gute Feuilletons sind nur im Singular zu genießen, und da Peter Bamm gute und kluge Feuilletons schreibt, bietet er auf hundert Seiten mehr als mancher Romanautor auf tausend!" *Sonntagsblatt, Hamburg*

„Dieser Feuilletonist, der die Welt philosophisch und die Philosophie weltlich betrachtet, ist so etwas wie ein ‚Bildungsbruder' des Lesers. Mit Witz und gemütlicher Behaglichkeit reißt er in alter Weise die Probleme des Alltags und des Über-Alltags an, gibt ihnen eine möglichst unvorhergesehene Wendung und entschwindet augenzwinkernd. Die freundliche Kleinkunst der Schriftstellerei beherrscht kaum jemand so wie PB." *Staatszeitung und Herold, New York*